玉門關是漢代繼承酒泉至玉門之間的長城時設立的，是都尉治來成為了邊塞管哨裡綿延千年的一個符號或一座豐碑。陽關是古代也是路上絲綢之路南路必經的關隘。在中國古代時期，「西出陽關行闕是夏晉邊境第一極關，古為豫晉裡界，為兵家必爭之地......

雄關漫道

北方著名的古代關隘

張學亮 編著

崧燁文化

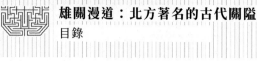

目錄

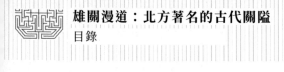

序言

文化是民族的血脈，是人民的精神家園。

文化是立國之根，最終體現在文化的發展繁榮。博大精深的中華優秀傳統文化是我們在世界文化激盪中站穩腳跟的根基。中華文化源遠流長，積澱著中華民族最深層的精神追求，代表著中華民族獨特的精神標識，為中華民族生生不息、發展壯大提供了豐厚滋養。我們要認識中華文化的獨特創造、價值理念、鮮明特色，增強文化自信和價值自信。

面對世界各國形形色色的文化現象，面對各種眼花撩亂的現代傳媒，要堅持文化自信，古為今用、洋為中用、推陳出新，有鑑別地加以對待，有揚棄地予以繼承，傳承和昇華中華優秀傳統文化，增強國家文化軟實力。

浩浩歷史長河，熊熊文明薪火，中華文化源遠流長，滾滾黃河、滔滔長江，是最直接源頭，這兩大文化浪濤經過千百年沖刷洗禮和不斷交流、融合以及沉澱，最終形成了求同存異、兼收並蓄的輝煌燦爛的中華文明，也是世界上唯一綿延不絕而從沒中斷的古老文化，並始終充滿了生機與活力。

中華文化曾是東方文化搖籃，也是推動世界文明不斷前行的動力之一。早在五百年前，中華文化的四大發明催生了歐洲文藝復興運動和地理大發現。中國四大發明先後傳到西方，對於促進西方工業社會發展和形成，曾造成了重要作用。

中華文化的力量，已經深深熔鑄到我們的生命力、創造力和凝聚力中，是我們民族的基因。中華民族的精神，也已深深植根於綿延數千年的優秀文化傳統之中，是我們的精神家園。

總之，中華文化博大精深，是中華各族人民五千年來創造、傳承下來的物質文明和精神文明的總和，其內容包羅萬象，浩若星漢，具有很強文化縱深，蘊含豐富寶藏。我們要實現中華文化偉大復興，首先要站在傳統文化前沿，薪火相傳，一脈相承，弘揚和發展五千年來優秀的、光明的、先進的、科學的、文明的和自豪的文化現象，融合古今中外一切文化精華，構建具有

中華文化特色的現代民族文化，向世界和未來展示中華民族的文化力量、文化價值、文化形態與文化風采。

為此，在有關專家指導下，我們收集整理了大量古今資料和最新研究成果，特別編撰了本套大型書系。主要包括獨具特色的語言文字、浩如煙海的文化典籍、名揚世界的科技工藝、異彩紛呈的文學藝術、充滿智慧的中國哲學、完備而深刻的倫理道德、古風古韻的建築遺存、深具內涵的自然名勝、悠久傳承的歷史文明，還有各具特色又相互交融的地域文化和民族文化等，充分顯示了中華民族厚重文化底蘊和強大民族凝聚力，具有極強系統性、廣博性和規模性。

本套書系的特點是全景展現，縱橫捭闔，內容採取講故事的方式進行敘述，語言通俗，明白曉暢，圖文並茂，形象直觀，古風古韻，格調高雅，具有很強的可讀性、欣賞性、知識性和延伸性，能夠讓廣大讀者全面觸摸和感受中華文化的豐富內涵。

肖東發

邊塞豐碑甘肅玉門關

　　玉門關始置於漢武帝開通西域道路並設置河西四郡之時，因西域輸入玉石時取道於此而得名。玉門關在漢代時是通往西域各地的門戶。

　　公元前一一六年至公元前一○五年修築酒泉至玉門之間的長城時，玉門關隨之設立了。在當時，玉門關與另一重要關隘陽關都是都尉治所和重要的屯兵之地。

　　多少年來，玉門關早已不再是存活在西北蒼涼地域上的一座城池或關隘了，而是邊塞情懷裡綿延千年的一個符號或一座豐碑。

▊絲綢之路的重要關口

■漢武帝劉徹畫像

　　漢武帝劉徹是中國西漢時期的第七位皇帝，他奠定了中華疆域版圖，首開了絲綢之路。

　　絲綢之路將中國的絲綢、漆器、鐵器、桃、杏、梨、冶金術、鑿井技術、養蠶技術、四大發明等傳到了外國，而來自外國的是汗血寶馬、胡蘿蔔、葡萄、核桃、大蔥、芝麻、黃瓜、蠶豆等。

　　冶金術又稱為「金丹術」、「煉金術」、「點金術」或「黃白術」，是煉製「神丹」的方法。中國古時流傳著「成仙」的說法，古人認為人的肉體可借助某種神奇的藥物而獲得永生，而冶金術被古人認為是製作這種「神丹」的唯一方法。

在中國絲綢之路上，來往著無數的商隊。為了確保絲綢之路的安全與暢通，在大約公元前一二一年至公元前一〇七年間，漢武帝下令在甘肅敦煌的小方盤城，也就是絲綢之路通往西域北道咽喉的要隘處，修建了一個關卡，這裡是西域輸入玉石的主要道路，因此就取名為「玉門關」了。

絲綢之路示意圖

玉門關的關城為正方形，黃土壘就的城牆，高十公尺，上寬三公尺，下寬五公尺，東西長二十四公尺，南北寬二十六點四公尺，面積六百三十三平方公尺，西北各開一道門。

關於玉門關名稱的來歷，還有另外一個傳說呢！

在古時候，玉門關附近的地形十分複雜，沼澤遍布、溝壑縱橫、森林蔽日、雜草叢生。每當絲綢之路上運玉石的商隊趕上酷熱天氣上路時，為避免白天人、畜中暑，總是會在涼爽的夜晚趕路。

但是，夜晚驛站附近的道路總是被黑暗籠罩著，導致商隊辨不清方向，就連經常往返於此路的年老馬匹也會暈頭轉向，難以識途，因此這段路途便名叫「馬迷途」。

■玉門關遺址

在往返於馬迷途的眾多商隊之中，有一支專販玉石和絲綢的商隊，常年奔波於這條道路上，也常常在馬迷途這裡迷失方向。

有一次，這個商隊剛進入馬迷途就迷了路。正在人們焦急萬分之際，不遠處落下一隻孤雁。商隊中一個心地善良的小夥子發現了這隻孤雁，就悄悄地把牠抓住抱在懷裡，準備走出馬迷途後再放掉牠。

不一會兒，只見大雁流著眼淚對小夥子「咕嚕咕嚕」地叫著說：「咕嚕咕嚕，給我食，咕嚕咕嚕，能出迷途。」

小夥子聽後恍然大悟，知道大雁是因為餓得飛不動了才脫隊的，就立即拿出自己的乾糧和水餵這隻大雁。大雁吃飽以後，就飛上天空，不斷飛翔，領著商隊走出了馬迷途，順利地到達了目的地的小方盤城。

過了一段時間，這支商隊又在「馬迷途」迷失了方向，那隻大雁又飛來了，又在空中叫著：「咕嚕、咕嚕，商隊迷路。咕嚕、咕嚕，方盤鑲玉。」

大雁邊叫邊飛，又一次引著商隊走出了「馬迷途」。大雁飛走時所說的話，只有救那隻大雁的小夥子才能聽得懂。

　　這個小夥子就把大雁的意思轉告給領隊的頭領說：「大雁叫我們在小方盤城上鑲上一塊夜光墨綠的玉石，以後商隊有了目標，就再也不會迷路了。」

　　頭領聽後，心裡一盤算，一塊夜光墨綠玉要值幾千兩銀子，實在捨不得，就沒有答應。

　　沒想到後來商隊又一次在「馬迷途」迷了路，導致數天找不到水源，人人嘴乾舌燥，口渴得寸步難行，連駱駝都乾渴地喘著粗氣，生命危在旦夕。

　　正在此時，那隻大雁又飛來了，並在上空叫道：「商隊迷路，方盤鑲玉，不捨墨玉，絕不引路。」

　　小夥子聽後急忙轉告頭領說：「大雁說，如果捨不得鑲嵌墨玉的話，牠就不會再為咱們引路了。」

　　頭領慌了手腳，連忙和小夥子商量對策。小夥子說：「你趕快跪下向大雁起誓『一定鑲玉，絕不食言』，否則，咱們真有危險了。」

■小方盤城遺址

　　頭領馬上按照小夥子所說，跪下向著大雁起誓說，如果大雁肯為我們引路，那麼走出迷途之後，我們一定會鑲嵌墨玉的。

大雁聽後，在空中旋轉片刻，把商隊又一次引出了「馬迷途」，使商隊又一次得救了。

走出「馬迷途」以後，商隊的頭領沒有食言，立刻在自己的商隊裡挑了一塊最大最好的夜光墨玉鑲在當地關樓的頂端。每當夜幕降臨之際，這塊墨玉便發出耀眼的光芒，連方圓數十公里之外都能看得清清楚楚。

後來，自從有了夜光墨綠玉作為路標後，過往商隊就再也沒有迷路了。

那個關樓上有了一塊玉，從此這裡就改名為「玉門關」了。

【閱讀連結】

玄奘是唐代高僧，中國四大名著之一的《西遊記》，寫的就是玄奘取經的故事。在《西遊記》中，玄奘的取經之行得到了唐王朝的支持，並有李世民親自為其送行。然而在歷史上，玄奘是逃出去的。

玄奘逃出玉門關後，歷時十多年，經歷了種種磨難，終於取回了真經，被稱為一代高僧，流傳千古。

▌玉門關的歷代遷址

公元前一二一年至公元前一○七年間，西漢的第七位皇帝，漢武帝下令修建兩關，即陽關和玉門關。

關於漢代玉門關的情況，據史書《漢書·地理志》記載，漢代的玉門關與另一重要關隘陽關，均位於敦煌郡龍勒縣境，皆為都尉治所，為重要的屯兵之地。

在當時，玉門關與陽關策略位置十分重要，中原與西域交通必須取道兩關。在王莽末年，中原與西域斷絕了來往，玉門關也隨之關閉。東漢初期，西域大道北移，玉門關的關城再未復建。

中原為中華民族、中華文明、中原文化的發源地，黃河兩岸、太行山脈、伏牛山脈東麓，在古代被華夏民族視為天下中心。廣義的中原是以中原洛陽、開封、商丘、安陽、鄭州、南陽、許昌等七大古都群為中心，輻射黃河中下游的廣大平原地區。狹義的中原即指天地之中、中州河南。

對於漢玉門關的關址，唐宋時期的一些古籍，如《括地志》、《元和郡縣圖志》等，均認為漢代玉門關的關址在唐壽昌縣西北五十九公里處。唐代的壽昌縣，就是後來敦煌南湖的壽昌故城址。

而敦煌遺書《沙州圖經》、《沙州城土鏡》、《壽昌縣地境》等則都認為，漢玉門關的關址在唐壽昌縣北的八十公里處。

還有人認為，最早的漢玉門關在敦煌之東，即玉門縣，就是後來玉門赤金附近。公元前一○三年，漢將李廣利伐大宛後才遷到敦煌西北。

玉門關遠景

後來，人們依據敦煌馬圈灣等地烽燧遺址所出的漢簡，以及對當地地形、驛道相關位置等考證得出結論認為，玉門關應位於臨要燧東側，玉門侯官燧西側，似在小方盤城西十一公里的馬圈灣遺址西南六公里處，通往西域的古驛道就從此高地中間穿過。

烽燧也稱「烽火台」、「烽台」、「煙墩」或「煙火台」。烽燧是中國古代的報警系統，它往外與長城並存，從而組成一個完整的軍事防禦體系。如有敵情，烽燧白天燃煙，夜晚放火，是古代傳遞軍事訊息最快最有效的方法。

玉門關遺址

後來，在隋唐時期，玉門關的關址由敦煌西北遷至敦煌以東的瓜州晉昌縣境內了。

根據記錄中國古代佛教法相唯識宗的創始人玄奘所著《大慈恩寺三藏法師傳》的記載，當年玄奘法師西行求經，公元六二九年的秋天抵達瓜州晉昌城，也就是後來的甘肅省安西鎖陽城。

玄奘渡過葫蘆河，通過了河上的玉門關。據此，人們普遍認為，隋唐時期的玉門關位於鎖陽城北三十公里處，也就是安西縣城東五十公里處的疏勒河岸雙塔堡附近。

隋唐時期的玉門關地址後來移至距離漢玉門關東兩百四十公里之處，這裡正處於交通的樞紐地位，東通酒泉，西抵敦煌，南接瓜州，西北與伊州相鄰。

而且傍山帶河，地勢險要。其四周有山頂、路口、河口要隘，還保存有古烽燧十一座，如苜蓿烽、亂山子烽等。

隋唐時期的玉門關是夯築，殘寬三點五公尺至四公尺，殘高零點三公尺至零點七五公尺，南北一百六十公尺，東西一百五十五公尺，開東、西兩門，四周環以護城河。關牆內外散落著大量素面灰陶片、碎磚塊、花崗岩石條、殘石磨等。

後來，五代宋初的時候，玉門關的地址又移動到了肅州城西三十五公里至五十公里之處，也就是距離隋唐玉門關東邊兩百公里一個叫「石關峽」的地方。

關於玉門關東移的原因，有兩個方面。一是從當時河西走廊一帶的政治軍事形勢來看，石關峽的位置正當東面的甘州回鶻與西面的瓜沙歸義軍政權的分界處，自然成為東西交通的要口；二是與當時第五道的廢棄，以及沙州社會長期穩定，沙州及其以西道路的暢通密切相關。

沙州也就是後來的甘肅省敦煌。敦煌四周皆為沙漠戈壁包圍，位處塔克拉瑪干沙漠東端邊緣，氣候乾燥，氣溫變化大，地面缺少經常性流水，植物稀少矮小，為風沙地貌，因此古時被稱為「沙州」。

玉門關遺址

玉門關遺址

第五道雖然驛程較短，可以從瓜州直接到達伊州而無需繞行敦煌，但要穿越四百公里的莫賀延磧，極乏水草，路況險惡。

反過來，如果由瓜州繞經沙州再至伊州，這個路程相比於第五道遠了近五十公里，但沿途戈壁沙漠的規模較小，水草條件稍好，行走比較容易。

在宋代初期的敦煌遺書等史籍中可以看出，這一時期瓜、沙州社會安定，穿越河西走廊來往的行旅皆經由沙州而往，而未見有人走第五道的，表明該道已棄之不用了，該道上設置的唐玉門關也隨之廢棄，被新的玉門關所取代了。

【閱讀連結】

在玉門關一帶，每年春節，鄉村群眾都會自發組織各種社火表演活動。社火是中國西北地區古老的民間藝術形式，是指在祭祀或節日裡迎神賽會上的各種雜戲、雜耍的表演。

社火的規模從幾十人至上百人不等。玉門關一帶的社火種類多，花樣新，既有本地土色土香的傳統社火，也有外地的精品社火。

神祕的大方盤城河倉城

漢玉門關是最早的玉門關，這裡有多處古蹟名勝，包括關城遺址、河倉古城、漢長城、雅丹魔鬼城等。人們來到玉門關更多的是憑弔歷史，而玉門關周圍眾多古蹟名勝的存在，使玉門關不再單調，大大豐富了玉門關的內涵。

玉門關城遺址

這裡的玉門關遺跡是一座四方形小城堡，因此，這座遺址又被人們形象地稱為「小方盤城」。

玉門關遺址聳立在東西走向戈壁灘狹長地帶中的砂石崗上，南邊有鹽鹼沼澤地，北邊不遠處是哈拉湖，再往北是長城，長城以北是疏勒河故道。

玉門關的關城全部用黃土夯築而成，面積約六百多平方公尺。西、北兩面各開一門，城垣東西長二十四點五公尺，南北寬二十六點四公尺，殘垣高九點七公尺，上寬三點七公尺，下寬四公尺，南北牆下寬四點九公尺。

城垣是指古代圍繞城市的城牆，其廣義還包括城門、城樓、角樓、馬面和甕城。城門和城牆轉角處加厚的牆體稱為「城台」和「角台」，其上的建築稱「城樓」和「角樓」。馬面是城外附城而築的一座座墩台，戰時便於夾擊攻城敵人，有時在城門外三面包築小城，以加強城門處的防衛，稱為「甕城」。

在玉門關關城的城頂四周，有一條寬一點三公尺的走道，設有內外女兒牆，即房屋外高出屋面的矮牆。在關城城內東南角，有一條寬不足一公尺的馬道，靠東牆向南轉上可直達頂部。

玉門關遺址四周沼澤遍布，溝壑縱橫，長城蜿蜒，烽燧空立，胡楊挺拔，泉水碧綠，柳綠花紅，蘆葦搖曳，美景與古關雄姿交相輝映，使人心馳神往，百感交集，懷古之情油然而生。

玉門關遺址

　　在玉門關遺址小方盤城東北十多公里處，有一個遺址叫河倉城，俗稱「大方盤城」。據說河倉城建於西漢時期，它是玉門關守軍的軍需倉庫。

　　河倉城位於東西走向的疏勒河古道旁的凹地上，西面約五十公尺處是一個大湖泊。湖泊水平如鏡，蔚藍透明，岸邊長滿蘆葦、紅柳、甘草。

　　河倉城的東面是深不可測的沼澤地。河倉城建在高出湖灘三公尺左右的土台地上。因臨疏勒河，故稱「河倉城」。河倉城是古代中國西北長城邊防至今存留下來的古老的、規模較大的、罕見的軍需倉庫。

　　河倉城的南北均有高出城堡數丈的大戈壁，戈壁高高聳立，好像是要把河倉城懷抱起來，這使河倉城極為隱蔽。從河倉城經過時，如果不是走到近旁，是很難發現這座倉城的。

　　河倉城坐南向北，夯土版築，呈長方形。東西長約一百三十二公尺，南北寬約十七公尺，殘垣最高處六點七公尺，城內有南北方向的兩堵牆，將其隔為相等並排的三座倉庫，每庫向南開一門。

夯土是古代建築的一種材料，以木為主角，土為輔助，石、磚、瓦為配角。在古代，用作建築的土大致可分為兩種，自然狀態的土稱為「生土」而經過加固處理的土就被稱為「夯土」，其密度較生土大。

由於歷史久遠，河倉城的四壁多已頹塌，只有北壁較為完整。牆壁上下置有三角形小洞，上三下五，間隔距離相等。

在河倉城外圍的東、西、北三面，加築有兩重圍牆。第一重圍牆尚有斷牆，四角有土墩建築痕跡，第二重圍牆僅存北面的土墩痕跡。

河倉城自漢代至魏晉一直是長城邊防儲備糧秣的重要軍需倉庫。當時，把守玉門關、陽關、長城、烽燧，以及西進東歸的官兵將士全部從此庫中領取糧食、衣物、草料供給，以保證他們旺盛的戰鬥力。

【閱讀連結】

班超是東漢著名的軍事家和外交家，更是一位非常有名的英雄人物，而班超晚年在病中等待下詔進入玉門關回故國的寂寞，更是讓人感嘆不已。

班超的一生是輝煌的一生，但令班超流傳千古的還是他西出玉門關，成功經營西域。當年已入中年的班超，帶著國家先後配發的幾千名囚犯和熱血青年，西出玉門關，經營西域二十多年，有力地加強了漢朝對西域的統治，也為西域的發展作出了重要貢獻。

正是班超幾十年的西域寂寞生活，才有了「但願生入玉門關」的千古佳句。後來，班超的這句詩成了玉門關邊塞情結的象徵，許多文人在詩中都曾提到這個典故。

古關留下的名篇佳話

■駱賓王雕像

中國上下幾千年，有很多的詩人都為玉門關留下了名篇佳作。

唐代詩人駱賓王出生於公元六一九年，在「唐初四傑」中，駱賓王最擅長七言、五言，他的詩文無論抒情、說理或敘事，都能運筆如舌，揮灑自如。

駱賓王曾經因事被貶至西域。來到西域從軍之後，駱賓王歸心悠悠，寫出了「魂迷金闕路，望斷玉門關」之句。

山西永濟鸛雀樓上王之渙銅像

駱賓王的這一名句就出自他的《在軍中贈先還知己》。詩中寫道：

蓬轉俱行役，瓜時獨未還。

魂迷金闕路，望斷玉門關。

獻凱多慚霍，論封幾謝班。

風塵催白首，歲月損紅顏。

落雁低秋塞，驚鳧起暝灣。

胡霜如劍鍔，漢月似刀環。

別後邊庭樹，相思幾度攀。

在這首《在軍中贈先還知己》中，駱賓王表達的是對友人思念。

王之渙，字季凌，生於公元六八八年，是盛唐著名詩人，以善於描寫邊塞風光著稱。王之渙為人豪放不羈，常擊劍悲歌。他做過幾任小官，其詩多被當時樂工製曲歌唱，名動一時。

唐代開元中後期，詩人王之渙進入涼州城，聽到哀怨的笛聲後，寫下了《涼州詞》這首詩，表達對遠戍士卒的同情。

　　《涼州詞》又名《出塞》，詩中寫道：

　　黃河遠上白雲間，一片孤城萬仞山。

　　羌笛何須怨楊柳，春風不度玉門關。

　　詩中的「羌笛」是中國古代西方羌人所吹的笛子。「楊柳」指羌笛吹奏的《折楊柳》曲。

　　羌笛也被稱為「羌管」，用油竹製成，豎著吹奏，兩管發出同樣的音高，音色清脆高亢，並帶有悲涼之感。羌笛是中國古老的單簧氣鳴樂器，在唐代時是很常見的邊塞樂器。羌笛的音色明亮，清脆婉轉，一般用於獨奏。

　　玉門關外，春風不度，楊柳不青，離人想要折一枝楊柳寄情也不能，這比折柳送別更為難堪。而廣大戍守玉門關的戰士，見不到自己的親人，長年累月地生活在關外。

　　這首詩描寫了邊塞涼州雄偉壯闊、荒涼寂寞的景象。詩人以一種特殊的視角描繪了黃河遠眺的特殊感受，同時也展示了邊塞地區壯闊、荒涼的景色。

　　全詩悲壯蒼涼，流落出一股慷慨之氣，邊塞的酷寒正體現了戍守邊防的征人回不了故鄉的哀怨，表達了王之渙對於戰爭的厭惡，對即將逝去生命的戰士的哀嘆、無奈。

玉門關石碑

王之渙這首詩寫戍邊士兵的懷鄉情，寫得蒼涼慷慨，悲而不失其壯，雖極力渲染戍卒不得還鄉的怨情，但絲毫沒有半點頹喪消沉的情調。

小方盤城上看玉門關外

首句「黃河遠上白雲間」抓住遠眺的特點，描繪出一幅動人的圖畫。遼闊的高原上，黃河奔騰而來，遠遠向西望去，好像是從白雲中流出來的一般。

次句「一片孤城萬仞山」，寫塞上的孤城。在高山大河的環抱下，一座地處邊塞的孤城巍然屹立。這兩句描寫了中國山川的雄偉氣勢，勾勒出玉門關的地理形勢，突出了戍邊士卒的荒涼境遇。

古人有臨別折柳相贈的風俗。「柳」與「留」諧音，贈柳表示留念。北朝樂府《鼓角橫吹曲》有《折楊柳枝》，歌詞寫道：

上馬不捉鞭，反拗楊柳枝。

下馬吹橫笛，愁殺行客兒。

歌中提到了行人臨去時折柳。這種折柳贈別之風在唐代極為流行。於是，楊柳和離別就有了密切的聯繫。當戍邊士卒聽到羌笛吹奏著悲涼的《折楊柳》曲調時，就難免會觸動離愁別恨。

玉門關外風光

在這種環境中忽然聽到了羌笛聲，所吹的曲調恰好是《折楊柳》，這就不能不勾起戍卒的離愁。

《涼州詞》的第三句用豁達的語調排解道，羌笛何須老是吹奏那哀怨的《折楊柳》曲調呢？要知道，玉門關外就是春風吹不到的地方，哪有楊柳可折！

說「何須怨」，並不是沒有怨，也不是勸戍卒不要怨，而是說怨也沒用。用了「何須怨」三字，使詩意更加含蓄，更有深意。

王昌齡也是和王之渙同一時期的唐代著名邊塞詩人。王昌齡擅長七言絕句，作品多寫邊塞、送別，氣象雄渾，情意雋永，語言精練生動，音律鏗鏘悠揚。

邊塞詩是以邊疆地區軍民生活和自然風光為題材的詩。一般認為，邊塞詩初步發展於漢魏六朝時代，隋代開始興盛，唐即進入發展的黃金時代。據統計，唐以前的邊塞詩，現存不到兩百首，而《全唐詩》中所收的邊塞詩就達兩千餘首。

王昌齡曾經寫過多首《從軍行》。《從軍行》是漢代樂府《平調曲》調名，內容多數描寫軍隊的戰鬥生活。其中的一首寫道：

青海長雲暗雪山，孤城遙望玉門關。

黃沙百戰穿金甲，不破樓蘭終不還！

青海上空的烏雲遮暗了雪山，遙望著遠方的玉門關。塞外的將士身經百戰磨穿了盔和甲，攻不下西部的樓蘭城誓不回來。

王昌齡（公元六九八年至七五六年），字少伯。盛唐著名邊塞詩人，後人譽為「七絕聖手」。他早年貧賤，困於農耕，年近不惑，才中進士。其詩以七絕見長，尤以登第之前赴西北邊塞所作邊塞詩最為著名，有「詩家夫子王江寧」之譽。

這首詩描繪了邊塞將士在漫長而嚴酷的戰鬥生活中誓死殺敵，「不破樓蘭終不還」的堅強意志和決心。王昌齡以高度的概括描繪了綿延千里烏雲慘淡的戰鬥環境。

詩的前兩句直指玉門關要塞，青海湖上空，長雲瀰漫。湖的北面，橫亙著綿延千里的隱隱雪山。越過雪山，就是矗立在河西走廊荒漠中的一座孤城。再往西，就是和孤城遙遙相對的軍事要塞玉門關。

前兩句裡一共提到三個地名，雪山，孤城，玉門關。其中的雪山指的是河西走廊南面橫亙延伸的祁連山脈。這幅集中了東西數千里廣闊地域的長卷，就是當時西北邊關戍邊將士生活、戰鬥的環境。

當時唐代在西、北方的強敵，一是吐蕃，一是突厥。而「孤城」之中

的河西節度使的任務，就是隔斷吐蕃與突厥的交通，一鎮兼顧西方、北方兩個強敵，防禦吐蕃，守護河西走廊。

吐蕃是公元七世紀至九世紀時中國藏族建立的政權，是一個位於青藏高原的古代王國，延續兩百多年，是西藏歷史上創立的第一個政權。「吐」是漢唐時期常用來譯寫北方、西方少數民族人名等的專用字，而「蕃」既是音譯，又有「茂盛」之意。

詩中的「青海」地區，正是吐蕃與唐軍多次作戰的場所。而「玉門關」外，則是突厥的勢力範圍。這兩句裡所暗示的戍邊將士對邊防形勢的關注，對自己所擔負的任務的自豪感、責任感，以及戍邊生活的孤寂、艱苦之感，都融合在詩句中悲壯、開闊而又迷濛黯淡的景色裡。

樓蘭古城的斷壁

詩句的第三句，「百戰」是比較抽象的，而「黃沙」兩字突出了西北戰場的特徵。「百戰」而至「穿金甲」，暗示出了戰鬥的艱苦激烈。但是，金甲儘管磨穿，將士的報國壯志卻並沒有被磨滅，而是在大漠風沙的磨煉中變得更加堅定。

玉門關小方盤城

第四句的「不破樓蘭終不還」，就是身經百戰的將士豪壯的誓言。「黃沙」儘管寫出了戰爭的艱苦，但是擁有豪情壯志的戍邊將士卻並不迴避戰爭的危險和慘烈，為了保衛中國，一切的付出都是值得的。

李白所處的唐代時期，國力雖然強盛，但是邊塞的戰亂卻從未消停過。

由於李白嘆息著征戰將士的辛勞，和將士們家中親人的思念，這位才華橫溢的詩人在他的一首《關山月》中也提到了玉門關。詩中寫道：

明月出天山，蒼茫雲海間；

長風幾萬里，吹度玉門關。

漢下白登道，胡窺青海灣；

由來征戰地，不見有人還。

戍客望邊邑，思歸多苦顏；

高樓當此夜，嘆息未應閒。

巍巍天山，蒼茫雲海，一輪明月傾瀉銀光一片。浩蕩長風，掠過幾萬里關山，來到戍邊將士駐守的邊關。漢高祖出兵白登山征戰匈奴，吐蕃覬覦青海大片河山。這些歷代征戰之地，很少有人幸運生還。

玉門關烽火台遺址

戍邊兵士仰望邊城，思歸家鄉愁眉苦顏。當此皓月之夜，高樓上望月懷夫的妻子，同樣也在頻頻哀嘆，遠方的親人啊，你幾時能卸甲洗塵歸來？

開頭四句是一幅包含著關、山、月在內的遼闊的邊塞圖景，描寫了將士們戍守在天山之西，回首東望，所看到的是明月從天山升起的景象。

接下去「長風幾萬里，吹度玉門關」，士卒們身在西北邊疆，月光下佇立遙望故園時，但覺長風浩浩，似掠過幾萬里中原國土，橫渡玉門關而來。長風、明月、天山、玉門關，構成了一幅萬里邊塞圖。

「漢下白登道，胡窺青海灣。由來征戰地，不見有人還。」下，指出兵。青海灣一帶是唐軍與吐蕃連年征戰之地，這種歷代無休止的戰爭，使出征的戰士幾乎沒有人能生還故鄉。

「戍客望邊邑，思歸多苦顏。高樓當此夜，嘆息未應閒。」戰士們望著邊地的景象，思念家鄉，臉上現出愁苦的顏色，他們推想自家高樓上的妻子，在此蒼茫月夜，嘆息之聲是不會停止的。

古來邊塞上的漫無休止的民族衝突，戰爭所造成的巨大犧牲和給無數將士及其家屬所帶來的痛苦，被詩句描寫得淋漓盡致。李白沒有把征人思婦之情寫得纖弱和過於愁苦，而是用「明月出天山，蒼茫雲海間。長風幾萬里，吹度玉門關」的萬里邊塞圖景，來抒發感情。

除去要表達的離愁、反戰的主題外，詩的前幾句所描寫的意境之高遠，也為後人所稱道。

■玉門關遺址

唐代玉門關有士兵駐守，自然也就有了遠在內地思夫的妻子對戍邊丈夫的思念。李白在另一首《子夜吳歌》中的《秋歌》就表達了這一思想：

長安一片月，萬戶搗衣聲。

秋風吹不盡，總是玉關情。

何日平胡虜，良人罷遠征？

這明朗的月夜，長安城就沉浸在一片此起彼落的砧杵聲中，月朗風清，風送砧聲，聲聲都是懷念玉門關征人的深情。只是不知遠方的戰亂之苦何時才能平息，讓良人不再遠征，回到家中呢？

玉門關小方盤城

岑參生於公元七一五年，是唐代著名的邊塞詩人，寫有七十多首邊塞詩。岑參的詩歌富有浪漫主義的特色，氣勢雄偉，想像豐富，色彩瑰麗，熱情奔放，尤其擅長七言歌行。

岑參在《玉門關蓋將軍歌》裡，就曾對玉門關進行過描寫：

行年三十執金吾，身長七尺頗有鬚。

玉門關城迥且孤，黃沙萬里白草枯。

南鄰犬戎北接胡，將軍到來備不虞。

五千甲兵膽力粗，軍中無事但歡娛。

岑參的這首詩主要是寫將士的邊塞生活，形象地勾畫出玉門關座落在黃沙萬里、荒草叢生中的孤獨。

戴叔倫生於公元七三二年，字幼公，是唐代中期著名的詩人。戴叔倫出生在一個隱士家庭，他的祖父戴修譽和父親戴昚用，都是終生隱居不仕的士人。

戴叔倫年少時拜著名的學者蕭穎士為師，他博聞強記，聰慧過人，「諸子百家過目不忘」，是蕭門弟子中出類拔萃的學生。

戴叔倫當時身處的唐代，持續八年之久的「安史之亂」削弱了唐王朝的軍事和經濟力量，吐蕃、回紇統治者乘機擴大自己的勢力，多次派兵騷擾，致使戰亂不息，生靈塗炭。

岑參塑像

在這種背景下，戴叔倫便寫了《塞上曲》，它對於馳騁疆場的將士們是歌頌，也是勉勵：

漢家旌幟滿陰山，

不遣胡兒匹馬還。

願得此身長報國，

何須生入玉門關！

戴叔倫的這首《塞上曲》是一首充滿愛國激情的詩篇。

詩的第一句用誇張的修辭手法，寫出漢軍在陰山的浩大聲勢，漫山遍野，旗幟翻飛，萬千將士嚴陣以待。第二句寫將士們徹底消滅敵人的決心和氣魄，反映了他們對敵人的無比仇恨和全殲敵人的願望。

詩的後兩句與後漢書的一句詩文有關，在班固的《後漢書·班超傳》中，曾有「不敢望到酒泉郡，但願生入玉門關」之句，來體現玉門關外環境的艱苦。

在戴叔倫的這首《塞上曲》中，後兩句就是反用班超「但願生入玉門關」之意，寫出了將士們強烈的報國志願。

我們不惜此身，願殺敵立功，報效國家，甚至不必活著返回玉門關。

唐代詩人胡曾生於公元八四〇年，以關心民生疾苦、針砭暴政權臣而著稱。《唐才子傳》則稱讚他「天分高爽，意度不凡」。

《唐才子傳》對中國唐代五代詩人的簡要評傳匯集，是中國二十多位唐代文史學者多年協作研究的結晶，集中代表了世紀唐代詩人群體研究

班超雕像

的最高成就。《唐才子傳》全書所收近四百位唐代重要詩人的生平和創作，並對他們的生平事蹟、詩文創作等基本史料逐條考證。

後來，胡曾中了進士，每次遊覽名勝古蹟時，都會慷慨懷古，共作了三卷詠史詩。《詠史詩》共一百五十首，皆七絕。每首以地名為題，評詠當地歷史人物和歷史事件。

詠史詩是古代詩歌中重要的一類，是以歷史為客體來抒寫主體情志的詩歌。詠史詩大多針對具體的歷史事件或歷史人物有所感慨或有所感悟而作。詠史詩發端於秦漢時期，而唐代是詠史詩創作的成熟與繁榮期。

以寫詠史著稱的胡曾，也去寫了赫赫有名的玉門關。他在《詠史詩·玉門關》中寫道：

西戎不敢過天山，定遠功成白馬閒。

半夜帳中停燭坐，唯思生入玉門關。

《詠史詩·玉門關》中的定遠功成，寫的是班超，班超曾經經營西域，有力地維持了漢代朝廷對西域的控制。

詩的第四句「唯思生入玉門關」也是和班超的那句「但願生入玉門關」相照應的。

胡曾還有一首關於玉門關的詩《獨不見》：

玉關一自有氛埃，年少從軍竟未回。

門外塵凝張樂榭，水邊香滅按歌台。

窗殘夜月人何處，簾捲春風燕復來。

萬里寂寥音信絕，寸心爭忍不成灰。

和《詠史詩·玉門關》詠史懷古不同，《獨不見》表達的是思念。

這兩首詩的主題，也正是千百年來關於玉門關的詩作所具有的主題，即懷古思緒。

玉門關建築遺址

陸游（公元一一二五年至一二一○年），字務觀，號放翁。生於南宋時越州山陰，即浙江省紹興。南宋詩人、詞人。他的詩詞風格雄奇奔放，沉鬱悲壯，洋溢著強烈的愛國主義激情，在思想上、藝術上取得了卓越成就，被後人譽為南宋詩詞之冠。他的詩《書憤》、《示兒》和詞《卜算子‧詠梅》等，成為世人傳育的佳作。

南宋愛國詩人陸游一生詩篇非常多，他自言「六十年間萬首詩」，後來尚存九千三百餘首，是中國存詩最多的古代詩人。

在陸游眾多名篇佳作中，關於玉門關的有好幾首。陸游在一首《塞上曲》中寫道：

三尺鐵如意，一枝玉馬鞭，

笑把出門去，萬里行無前。

當道何崔嵬，云是玉門關。

方當置屯守，征人何時還？

為求收復山河的陸游，一生都對軍事要塞的玉門關情有獨鍾，他的《夜坐水次》再次提到玉門關：

房星縱，心星橫，北高掛南斗傾。

蓼根熠熠螢火明，葦叢哀哀姑惡聲。

我倚胡床破三更，溪風吹衣月未生。

玉門關，拂雲城，何時連營插漢旌？

白頭書生未可輕，不死令君看太平。

陸游的一生都在為收復山河而努力，然而時局的頻繁變遷，使陸游時而為收復山河而戰，時而被貶。曲折的人生經歷，在他的詩詞中有所反映。

南宋時期詩人張鎡出生於公元一一五三年，原字時可，因為仰慕郭功甫，後來改字為功甫，號約齋。張鎡的詩詞，受到當時詩壇名家的推崇。

作為西秦遺民，他並沒有忘記迢遙千里，遠在西部的故國山河，他熱切地渴望自己能像張良那樣「一編書是帝王師」，以奇策報效國家，跟隨百萬雄師，北伐勁敵，收復秦隴，直搗玉門關，完成國家統一與民族復興的大業。

■玉門關小方盤城

　　南宋時期詩人、詞人、詩論家劉克莊，在其詩詞中也曾多次提到玉門關。其中，他填的《水調歌頭》就有三首提到玉門關：

　　其一

　　遣作嶺頭使，似戍玉門關。來時送者，舉酒珍重祝身安。街畔小兒拍笑，馬上是翁矍鑠，頭與璧俱還。何處得仙訣，髮白頰猶丹。

　　屋茅破，籬菊瘦，架籤殘。老夫自計甚審，忙定不如閒。客難揚雄拓落，友笑王良來往，面汗背芒寒。再拜謝不敏，早晚乞還山。

玉門關小方盤城

其二

風露洗玉宇，星斗燦銀潢。雲間笙鶴來下，人世變淒涼。九轉金丹成後，一朵紅雲深處，玉立侍虛皇。卻笑跨鸞子，草草夢黃粱。

君記否，齊桓口，魯靈光。中原公案未了，直下欠人當。試問玉門關外，何似金鑾殿上，此段及平章。富貴倘來耳，萬代姓名香。

其三

問訊中秋月，瞥見一眉彎。婆娑桂影，今年又向桂林看。蓬天桑弧初度，羅帶玉簪舊識，俯仰十年間。記得老坡語，頹景薄西山。

碧虛人，應笑我，已蒼顏。歲寒耿耿，不改唯有寸心丹。目斷風濤萬里，夢繞煙霞一壑，老矣甚時閒。不願酒泉郡，願入玉門關。

劉克莊一向推崇辛棄疾、陸游，對辛棄疾評價尤高。他的作品也具有辛棄疾豪放派的風格，詞風豪邁慷慨，他也因此成為辛派詞人的重要代表。

玉門關是個苦寒之地，所以拿守玉門關和嶺頭作比。第二首詞的「試問玉門關外，何似金鑾殿上，此段及平章」，體現出玉門關關外環境的惡劣。

第三首詞中，劉克莊發出了「不願酒泉郡，願入玉門關」之嘆。可見，三首詞中，玉門關在劉克莊眼裡，都是荒涼的象徵。

玉門關遺址

小方盤城遺址

宋代詞人李演在其作品中就是把玉門關作為了一種符號，他在他的《虞美人·多景樓落成》中寫道：

笛叫東風起。

弄尊前、楊花小扇，燕毛初紫。

萬點淮峰孤角外，驚下斜陽似綺。

又婉娩、一番春意。

歌舞相繆愁自猛，捲長波、一洗空人世。

閒熱我，醉時耳。

綠蕪冷葉瓜州市。

最憐予、洞簫聲盡，闌干獨倚。

落落東南牆一角，誰護山河萬里！

問人在、玉關歸未？

老矣青山燈火客，撫佳期、漫灑新亭淚。

歌哽咽，事如水！

詞中的「笛叫東風起」，起句提挈全篇，笛聲高奏喚起東風，吹滿整個江天，人的思想也隨之被帶到很遠很遠的地方。

當時的鎮江已經成為當時抗禦蒙古的前沿陣地，但東南的一角邊牆，卻已防務廢弛，這又怎能護得山河萬里呢！北方廣大的領土，仍在蒙古人手中，恐怕連東南的半壁河山也難以保全了。「落落」兩句，顯足了詞人之感慨深沉。

詞人接著再問一句：「問人在、玉關歸未？」遠在中國西北的邊疆的玉門關，是漢唐時期的邊塞重鎮，「玉關」人未歸，感嘆關塞戍卒，頭白守邊。每念及此，便不由得涕泗縱橫了。詞中的「佳期」，指恢復中原之期，也是「玉關」人歸之時。

玉門關入關蠟像

元代散曲作家李致遠在其作品中提到過玉門關，他在一首《雙調·折桂令·讀史》中寫道：

慨西風壯志闌珊，莫泣途窮，便可身閒。賈誼南遷，馮唐老去，關羽西還。

但願生還玉關，不將劍斬樓蘭。

轉首蒼顏，好覓菟裘，休問天山。

詞中的賈誼南遷，指的是西漢初年政治家賈誼被貶為漢長沙王太傅，抑鬱而死之事。馮唐老去是指，西漢安陵人馮唐曾在文帝前為名將，懷才不遇，很老時才被任為中郎署長。關羽西還是指關羽敗走麥城，命歸西天。

在這首曲裡，玉門關依然是一種代表金戈鐵馬的文化符號。青絲成白髮，樓蘭劍化為狐裘衣，以讀史時的慷慨激憤之情起，而以消沉隱逸之情結，感情幽咽曲折。

【閱讀連結】

　　侯懷風是清代初期著名的女詩人。玉門關是著名的軍事要塞，在這裡曾經發生過許多悲壯的戰爭故事。

　　玉門關也成就了侯懷風筆下的對象。她在一首名為《感昔》的詩中寫道：「黃河水流響潺潺，當日腥風戰血殷。大地盡拋金鎖甲，長星亂落玉門關。居延蔓草縈枯骨，太液芙蓉失舊顏。成敗百年流電疾，蒼梧遺恨不堪攀。」

千年雄關甘肅陽關

陽關位於中國河西走廊的甘肅省敦煌西南七十公里南湖鄉的古董灘上，因為建在了玉門關的南面，因此被稱為「陽關」。

陽關，始建於漢武帝元鼎年間，在河西「列四郡、據兩關」，陽關即是兩關之一。

陽關是古代陸路交通的咽喉之地，也是陸上絲綢之路南路必經的關隘，通西域，連歐亞。名揚中外，情繫古今。陽關還是中原與西域的分界點。在中國古代時期，「西出陽關」就意味著生離死別。

▌絲綢之路的南道關隘

漢武帝劉徹是中國古代西漢時期的第七位皇帝，在公元前一四一年登基。公元前一二一年，漢武帝派驃騎將軍霍去病及合騎侯公孫傲出隴西，發動了河西戰役。這次戰役匈奴大敗。匈奴昆邪王率四萬人來降。

霍去病是西漢武帝時期的傑出軍事家，是名將衛青的外甥，與衛青被稱為「帝國雙璧」。霍去病擅長騎射，善於長途奔襲。霍去病用兵靈活，注重方略，不拘古法，勇猛果斷，每戰皆勝，深得武帝信任，並留下了「匈奴未滅，何以家為」的千古名句。

■ 絲綢之路上的陽關遺址

漢武帝以河西地置武威、酒泉郡，並從那時開始了河西長城的建築。根據中國第一部紀傳體通史《史記》記載，在公元前一一一年的時候漢武帝「列四郡，據兩關」。其中的四郡，指武威、張掖、酒泉、敦煌，兩關，指的就是玉門關和陽關。

霍去病雕塑

陽關位於河西走廊的敦煌西南七十公里南湖鄉「古董灘」上，因座落在玉門關之南而取名「陽關」。由於陽關的地理位置獨特，歷來都是兵家必爭之地。從漢代開始，陽關就曾設都尉管理軍務。漢代至唐代，陽關一直是絲綢之路南道上的必經關隘。

以後的許多王朝都把這裡作為軍事重地派兵把守，數不清的將士曾在這裡戍守征戰，數不清的商賈、僧侶、使臣曾在這裡驗證出關，數不清的文人墨客為陽關留下了不朽的詩篇。

後來的唐代高僧玄奘從印度取經回國，就是走絲綢之路南道，東入陽關返回長安的。

由於歷史的久遠，陽關關城烽燧能夠保存下來的非常少。特別是至宋代以後，因與西方交流的陸路交通衰落，陽關的古關逐漸被廢棄。

關城廢棄後，關於陽關的具體關址也引起了爭議。有一位學者在考察陽關時曾寫道：

今南湖西北隅有地名古董灘，流沙壅塞，而版築遺跡以及陶片遍地皆是，且時得古器物如玉器、陶片、古錢之屬。

其時代自漢以迄唐宋皆具，古董灘遺跡逶邐而北以迄於南湖北面龍首山俗名紅山口下，南北可三四里，東西流沙湮沒，廣闊不甚可考。

後來，人們在古董道西十四道沙渠後發現大量牆基遺址。經試掘、測量，房屋排列整齊清晰，面積上萬平方公尺，附近有寬厚的城堡垣基。因此，基本可以斷定陽關故址位於此處。

後來的陽關因為喪失了其位置上的策略意義，再加上自然條件的惡化，成了一片荒漠之地。

但是自古以來，在人們心中，陽關是一座被流沙掩埋的古城，一座被歷代文人墨客吟唱的古城。它總是代表著淒涼、悲愴、寂寞和荒涼，有著獨特的地位。

【閱讀連結】

陽關玉杯，又名敦煌夜光杯，以祁連山所產優質墨玉、黃玉和碧玉為原料，經過二十四道工序精雕細刻而成。

陽關一帶出產的這種玉杯色澤有翠綠、鵝黃、羊脂白等，光澤長久不變，造型豐富多彩，聲響最隆。帶有天然紋理，石色墨綠，薄如蛋殼、手感細膩，有「一觸欲滴」的美妙效果。

陽關玉杯是夜光杯，在黑暗的環境下它會發出淡淡的光，是很名貴的飲酒器皿。

古董灘與渥窪池傳奇

陽關在中國歷史上，曾經是一個重要的關隘，它是中原與西域的分界線，也是絲綢之路的門戶。然而，隨著時光的流逝，悠悠千年雄關所剩下的僅有一座漢代烽燧遺址。但是破敗的陽關關城仍然值得探索。

■ 陽關故址古道

陽關在西漢就建立了關城，後來隨著時代的變遷，這裡的地理位置不再重要，昔日的陽關城早已蕩然無存，這裡僅有一塊陽關石碑，碑上刻著「陽關故址」四個紅色大字。

除了這塊陽關石碑外，陽關附近還有漢代烽燧遺址。其中尤以北側墩墩山頂上的烽燧最大，地處最高，保存也較完整。

這個烽燧處在陽關的制高點，它是陽關歷史唯一的實物見證。墩墩山頂上的烽燧是用土壑夾蘆葦砌築而成，上面有殘餘圍牆，一條馬道直通頂部。

烽隧周圍有一塊說明牌，上面寫著：

墩墩山烽燧係漢代建築，現殘高四點七公尺，上寬南北八公尺，東西六點八公尺，底寬南北八點八公尺，東西七點五公尺，為古陽關候望之處，故有「陽關耳目」之稱。

烽燧遺址所在的這座墩墩山山頂，可以將阿爾金山的皚皚白雪、浩瀚戈壁、蒼茫大漠的宏闊景色盡收眼底。

陽關烽燧

　　在陽關石碑的後面有一片荒漠，是陽關故址所在的古董灘。它東靠農田，南有元台子山，西依青山子梁，北到墩墩山，沙丘從南到北自然列成二十餘道天然屏障。

陽關烽燧

多少年來，每當大風颳過以後，附近十里八村的村民在古董灘上，常常會拾到古錢、首飾、玉珮、寶劍、兵器和其他小雜物，甚至有的還能拾到金戒指、金手鐲。

關於古董灘為何會有如此多的古董，歷史上還有一個動人的傳說。

相傳，古董灘原來埋著一位公主豐盛的嫁妝。不過具體到底是哪一位公主，說法不一。有的說是遠嫁烏孫王的細君公主，有的說是唐代去西藏的文成公主，有的又說是下嫁於闐王的曹氏公主。

有一位小國的國王，他曾經向這位公主求親，但是因為他的國家國力衰弱，物產又不豐富，因而被公主拒絕了。

這位小國國王遭到拒絕後，懷恨在心，他派出人四處打探，終於打聽到公主的嫁妝將要從離他們國家不遠的古董灘經過，便一咬牙派出三百個親信兵將，用黑墨抹臉，白巾包頭，躲藏在古董灘周圍。

陽關景觀

公主遠嫁動身的那一天，中原王朝的皇后給她陪送了許多的嫁妝。金銀首飾、綾羅綢緞、胭脂香料、四季衣衫等，足足裝了幾十輛大車，由一位武官和士兵押送，向西進發。

當裝有公主嫁妝的車輛和護送的士兵走到古董灘的時候，猛聽一聲牛角號響，小國國王派出的這夥強盜就從四面一起殺出，瞬間和護送的士兵打成一片。

當時，為公主護送嫁妝的士兵只有一百名，而且多數由於長途勞累和不服水土患病在身。而強盜們身強力壯，熟悉地形，並且人又多，不一會兒，護送的士兵都被強盜殺盡了。強盜們搶到了大批的嫁妝和金銀財物，欣喜若狂。

正當這些強盜準備離開的時候，猛然間颳起了大風，一時天昏地暗、日月無光，一個個沙包飛上了天空，又慢慢地降落下來，把三百個強盜和他們搶來的幾十輛車財物通通埋在了灘上。

多少年過去了，風吹沙移，人們總能在這片沙灘上撿到大量古錢、首飾。於是，這片沙灘便取名為「古董灘」。

陽關雖然處在較為乾旱的甘肅，卻曾經是水源非常充足的一個關隘，因為它有兩個獨立水源。後來，這兩個水源變成了陽關的兩個風景名勝。

陽關的第一個水源就是西土溝。西土溝是當地人叫的一個俗名，它在唐代的名字叫「無鹵澗」。

據記載，西土溝水源東北約一點七公里處，是陽關古址。據說，陽關在這兒設關，就是因為臨近西土溝。

陽關周邊的綠洲

　　有了西土溝和附近的一片綠洲，建關後的陽關憑藉著水源，發揮了「一夫當關，萬人莫開」的神威。而對於在沙漠上長途跋涉的人來說，看到陽關就等於看到了一線生機。

　　軍事作用降低後，西土溝周圍的綠洲，也成了陽關的一個重要景點。

　　陽關往西就是茫茫的大沙漠，因此，古代往來的商旅都要在陽關補充水源。除了西土溝，陽關還有一個獨立水源，那就是渥窪池。

　　根據文獻記載，當年的渥窪池水面非常大，水很深而且水質非常好。更為有意思的是，在渥窪池還曾經出過使漢武帝龍顏大悅的天馬。

　　天馬是古代神話傳說中的神獸之一，是戰神，表現了漢民族的尚武精神。相傳天馬中最重要的馬神為鋒星，也是漢武帝劉徹的化身。天馬擁有不畏強敵、不怕犧牲、拚搏進取的無量勇氣，是漢民族最重要的圖騰之一。

　　這個故事是說，當年霍去病收復河西後，西漢牢牢地控制了河西。此時，漢王朝除了修築邊防要塞，還大量移民屯墾，所以一時間，敦煌人口猛增。

陽關古董灘

　　除了移民，也有獲罪的各級官吏，被發配到敦煌郡。這其中河南新野的一個叫暴利長的小官，就因犯罪被充軍到敦煌，在渥窪池一帶放牧。

陽關故城遺址

　　放牧時，暴利長經常見到一群野馬到池邊飲水，其中還有一匹馬長得特別壯碩，神態奇異。

　　暴利長便在暗中窺視，對這匹馬覷覦良久，終於他想到一個智取的計策。他做了一個和自己形體差不多的土人，將自己的衣服穿在土人身上，並讓土人手拿勒馬索像真人一樣立於池邊。

　　最初，群馬一見土人，大吃一驚，不知其為何物，都不敢近前，跳開跑到遠處去張望。後來，群馬見土人並無攻擊之舉，也就慢慢習以為常，又繼續毫無顧忌地去池邊飲水嬉戲。

不久，暴利長見時機已經成熟，就將土人撒掉，自己立到了池邊。群馬再來池邊飲水嬉戲時，已經不怕站立在一旁的暴利長了。暴利長忍不住滿心竊喜，甩出套馬索，終於一舉成功，得到了那匹他心儀已久的駿馬。

暴利長把馬獻給了漢武帝，卻對套馬的詭詐和辛苦隻字不提，稱馬是從水中躍出的，落入他手純粹是上天的旨意。暴利長的話使漢武帝非常高興，感覺到這是自己當皇帝的一個祥瑞之兆。

同時，漢武帝看到暴利長獻的這匹馬，也確實是一匹好馬，就給馬命名為「太乙天馬」。不僅如此，漢武帝還即作《天馬歌》，歌中有「湖中天馬衝波出，蹴踏驚濤行飄忽」之句。從此以後，渥窪池便得了一個出天馬的聲名，流傳開來。

後來，渥窪池被建成了蓄水兩百多萬立方公尺的黃水壩水庫，灌溉著古陽關下的萬畝良田。

出過天馬的渥窪池水深波闊，周邊蘆葦叢生，遊鳥浮魚，相映成趣。靠附近泉水灌溉栽種出的葡萄又自成一景，有幾座晾房，出產的葡萄乾比蜜還甜。

陽關遺址歷史悠久，文化深厚，人們對它的評價是：東依敦煌，西接樓蘭，北望玉門，南眺金鞍，天馬故鄉，絲綢之路名關。

【閱讀連結】

由於陽關處在絲綢之路上，因此有非常豐富的飲食文化。泡兒油糕就是陽關一帶古老的一種風味小吃。泡兒油糕是由麵粉配食糖、豬油、桃仁、芝麻、玫瑰等製成的鬆糕，酥鬆香甜，味美可口，它色澤黃亮，表面膨鬆如輕紗，結有密密麻麻的珍珠小泡，因此得名。

據考證，泡兒油糕是從唐代「見風俏」演變而來，最初流行在宮廷、官邸的宴席上，由於製作廚師寥寥無幾，街市上很難見到。

後來，在陽關所在的敦煌一帶，人們學會了製作泡兒油糕。泡兒油糕的表層脆酥似飛絮，內裡香甜如糯糖，吃起來酥鬆香甜，是陽關地區首選的風味食品。

▌開創輝煌的關口要道

促使陽關走向輝煌的因素很多，絲綢之路就是其中之一。在海運未通的中國古代時期，絲綢之路是中外貿易的主要方式，而陽關正是絲綢之路南路的重要關口。因此，絲綢之路與陽關的興衰就此結下了不解之緣。

陽關相當於中國古代的「海關」，有了通關文牒，才能出入陽關。陽關在中國歷史文化中占據著重要的地位。

通關文牒指中國古代時期，想出本國國境的人通過關戍時拿的通行證。通關文牒每到一國都需加蓋該國的印璽，才算完整。中國古代四大名著之一的《西遊記》裡，就對通關文牒的重要性進行了反覆的強調。

漢武帝執政時，為聯絡被匈奴從河西趕到西域的大月氏人共同夾擊匈奴，漢武帝招募人才去西域。當時，渴望為國建功立業的張騫，毅然應募。

大月氏也叫「禺知」、「禺氏」或「牛氏」。是公元前二世紀以前居住在中國西北部，然後遷徙到中亞地區的游牧部族。大月氏位於絲綢之路中段，是中國文明和西方文明的碰撞點，它的文化藝術成果兼具了東西兩方特色。

公元前一三八年，張騫帶著百餘名隨從從長安西行，通過陽關一帶，來到西域。

在出行途中，張騫等人被匈奴人捉住，扣留了十一年。但他不忘使命，設法逃脫，輾轉到達大月氏。

那時大月氏西遷已久，無意再與匈奴打仗。於是，張騫返回長安，向漢武帝報告了西域的見聞，以及他們想和朝廷往來的願望。

絲綢之路上的陽關遺址

公元前一一九年，漢武帝派張騫第二次去西域。張騫一行帶著上萬頭牛羊和大量絲綢，到西域各個地方。歸來時，西域各地也派人來到長安。從此以後，朝廷通往西域之路被打開。

張騫塑像

正是因為有了張騫從陽關、玉門關的出行，才有了後來的絲綢之路。張騫去西域後，朝廷對西域的各種情況已經有了大致的瞭解。

為了促進西域與長安的交流，漢武帝招募了大量身分低微的商人，攜帶朝廷配給的貨物，到西域各地經商。

這些具有冒險精神的商人，勇敢地跨出陽關、玉門關，進入神祕的西域，他們中大部分成為富商巨賈。首批商人的成功，吸引了更多人西出陽關、玉門關，從事絲綢之路上的貿易活動。

從此以後，中國和中亞及歐洲的商業往來迅速增加。透過這條貫穿亞歐的大道，中國的絲、綢、綾、緞、絹等絲織品，源源不斷地輸向中亞和歐洲。

因此，希臘、羅馬人稱當時的中國為「賽里斯」國，稱當時的中國人為「賽里斯」人。所謂「賽里斯」也就是「絲綢」的意思。

絲綢之路遺址

　　在以後的發展中，絲綢之路的線路被分為幾段，一般認為，絲綢之路可分為三段。除了三段的劃分外，絲綢之路還有三條線路，而陽關是南路門戶。

　　絲綢之路的東段，是從當時的都城長安到陽關、玉門關。由此可以看出，絲綢之路的東段全在漢朝的疆域之內，線路的選擇，主要考慮的是翻越六盤山以及渡黃河的安全性與便捷性。

　　因此，絲綢之路東段的三線均從長安出發，到武威、甘州匯合，再沿河西走廊至敦煌。

　　甘州也就是今天的甘肅省張掖。張掖處於千里河西走廊腹地，古代絲綢之路南北兩線和居延古道的交匯點上，南枕祁連山，北依合黎、龍首兩山，形成了聞名遐邇的張掖綠洲，素有「塞上江南」之美譽。因地理位置重要，歷來為兵家必爭之地。

　　絲綢之路的中段是從陽關、玉門關向西至蔥嶺。中段主要是西域境內的諸線路，它們隨綠洲、沙漠的變化時有變遷。由此，絲綢之路的中段被分為南、中、北三條線路。

　　南道，又稱於闐道，東起陽關，沿塔克拉瑪干沙漠南緣，經若羌、和田、莎車等至蔥嶺。中道則起自玉門關，而北道起自安西。

　　自蔥嶺以西，直至歐洲是絲綢之路的西段。和東段、中段在漢朝開闢不同，西段是在唐代開闢的。它與中段的北、中、南三線分別相接對應，連成一個完整的絲綢之路。

　　從絲綢之路的線路可以看出，陽關與北面的玉門關是絲綢之路東段與中段的分界點，也是中原漢、唐等王朝與西域諸國的「海關」，其重要性不言而喻。

　　在歷史上，除去與國外通商的意義之外，陽關的另一個重要意義，就是軍事要塞。

　　絲綢之路的開通，極大地推動了中原與西域之間的物質文化交流，同時也使漢朝在收取關稅方面取得了巨大利潤。為了加強對西域的控制，公元前六〇年，漢王朝在西域設置西域都護府，總管西域一切事務。

　　都護府是中國漢、唐等時代中原王朝為督察邊境各民族而設置的軍事機關，都護府長官稱為都護。漢代時，在西域設有西域都護府，至魏和西晉時改設為西域長史府，唐代曾設六都護府。

　　以漢朝在西域設立官員為標誌，絲綢之路這條東西方交流之路開始進入繁榮的時代。

張騫騎馬塑像

公元九七年，東漢將軍班超開始經營西域，他重新建立起了漢朝在中亞地區的主導地位後，派甘英攜帶大量絲織品到達條支，中國與埃及最早的溝通就是在這一時期。

較晚的《後漢書》還有公元一六六年羅馬使節透過絲綢之路來到中國，並在中國建立了大使館的紀錄。

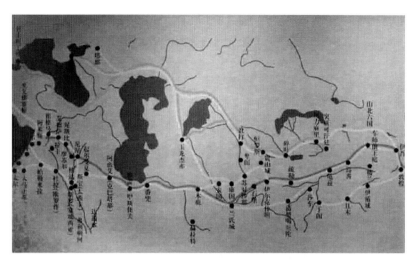

絲綢之路西傳路線圖

當時，透過絲綢之路，印度、東南亞、斯里蘭卡、中東、非洲、歐洲和中國之間的貿易迅速發展，無數新奇的商品、技術與思想源源不斷地在歐亞非三大洲的各個國家流動。

遠在西方的羅馬人很快就加入到這條商道中，因為中國的絲綢輕盈、精細，光耀奪目、豔麗華貴的絲綢是羅馬貴族男女顯示高貴身分的象徵。

那時，絲綢成為羅馬人狂熱追求的商品。古羅馬的市場上，絲綢的價格曾上揚至每磅約十二兩黃金的天價。這造成羅馬帝國黃金大量外流，還迫使元老院斷然制訂法令，禁止人們穿著絲衣。

絲綢在西方各地廣受歡迎，自然也就刺激了絲綢之路的繁榮。當時，陽關外的陽關古道上，每日來自印度、波斯等國的客商往來不斷，使陽關這個軍事要塞呈現一片繁榮景象。

然而，當中國進入東漢以後，當時的朝廷逐漸放棄了對西域的控制，令西域內部紛爭不斷，商路難以通行。當時的東漢朝廷為防止西域的動亂波及本國，經常關閉陽關、玉門關，這些因素最終導致絲綢之路東段天山北南路的交通，陷入半停滯狀態。

　　唐代及以後的宋元王朝統治時期，絲綢之路又興盛起來，但由於關卡林立，賦稅太重，絲綢之路的興盛程度受到了影響。

　　賦稅是古代朝廷宏觀管理經濟的重要手段，是隨土地制度或狀況的變化而變化的。古代的賦稅制度含義很廣泛，一般包括以人丁為依據的丁稅，以戶為依據的財產稅，以田畝為依據的土地稅和以成年男子為依據的徭役和兵役。

　　進入明清時期以後，隨著海上貿易的興起以及中國對外貿易的保守，加上西域地區的荒涼，曾經輝煌一時的絲綢之路逐漸荒廢了。

　　與此同時，輝煌的陽關與絲綢之路一起荒廢，只留下一片荒灘，成為流沙之中見證絲綢之路輝煌的遺跡。

　　在漢唐時期，陽關、玉門關都是中原王朝與西域各地的關口。為了防止西北匈奴、突厥等勢力威脅中原王朝的安全，從西漢時期，當地官吏就開始在陽關發放通關文牒，以作為出入陽關的憑證。這種憑證類似於後來的出國護照。

■ 陽關絲綢之路遺址

　　當時，駝隊商旅們，包括一些僧侶，凡是要去西域，都得在陽關申拿關牒後才能西行。而西域諸國，也很重視由陽關都尉蓋印簽發的關牒。在古典小說《西遊記》中，就曾多次提到通關文牒。

重建的陽關城樓

　　無論是西域人來漢，還是漢朝人西去，出入陽關，都須透過嚴格驗證蓋著陽關大印的關照才可放行。一照在手，便可以暢通無阻了，所以後來「關照關照」、「多多關照」等語言，便流傳開來，後人將「關照」引申，變成給照顧，行方便等意思。

　　陽關還有一個文化符號，那就是陽關道。陽關道的說法當然也是來自陽關。

　　陽關之外的那條道就是陽關古道，它也是絲綢之路的一段。在絲綢之路繁榮的時期，陽關通往西域的這條古道上，曾經商隊絡繹，駝鈴叮咚，可以說是當時最繁忙的一條路。

　　從尚存的陽關大道寬約一百二十公尺可以看出，當年的陽關道必是車水馬龍，十分壯觀。因此，後來的歷史學者和文學家稱這條古道為「陽關大道」。

因為陽關的繁華，後來民間還流傳著：「你走你的陽關道，我過我的獨木橋」的諺語。這裡用獨木橋和陽關道相對稱，都屬於道路的兩個極端，獨木橋的狹窄，正好反襯陽關道的寬廣。

意思就是你即使有陽關道可走，前途一片大好，我只有獨木橋可走，你也不要干涉我的事，我們井水不犯河水。

同樣源於寬廣的意思，陽關道這個通向西域的大道，後來又被用來泛指通行便利的大路，也可以比喻有光明前途的道路，成為康莊、光明、幸福之路的代名詞。

陽關也許只是昔日的一個軍事要塞，只是絲綢之路上的一個關隘，只是一堆磚石堆砌起來的一個建築。然而，正是這堆磚石，卻被賦予了許多哲思和詩情，從此具有了文化意義，並成為了中國博大的中華文化的一部分。

【閱讀連結】

陽關一帶的美食還有敦煌釀皮子。釀皮子晶瑩黃亮，光潔如玉，拌上特殊的佐料後味酸辣，柔韌爽口，食用方便，是極為普遍的一種民間小吃、當地速食。

釀皮子是一種麥麵製品，製作時先將優粉加水和勻，然後將麵糰置入清水中翻攪抓揉，使麵粉中的澱粉與蛋白質充分分離，剩下蛋白質，俗稱麵筋。而溶解於水的麵漿，便是加工釀皮子的原料了。

在水滾沸後，將麵漿舀入鐵皮圓盤中塗勻，放入開水中煮幾分鐘，麵汁為餅便成為釀皮子。

然後，將餅狀的釀皮切成細長條，放幾片麵筋，加一點芥末、蒜汁、辣椒、香油等便可食用。這種製作簡單的敦煌釀皮子價格不高，味道不錯，特別受陽關一帶人民的喜愛。

千古英魂永留存

　　陽關的地理位置十分重要，它是中原與西域的分界線。跨入關內，代表著來到了繁華的華夏之邦，跨出關外，則代表離開故國與滿目荒涼。

漢朝名將霍去病像

　　在中國歷史上，有很多人曾經選擇了跨入與跨出陽關，在這些人中，有不少因為這一跨入與跨出的選擇而一舉成名，產生了深遠的影響。

　　在陽關的歷史上，第一個名人就是霍去病。霍去病是名將衛青的外甥。公元一二三年的時候，霍去病被漢武帝任為驃姚校尉，隨衛青擊匈奴於漠南，以八百人打敗了敵軍兩千零二十八人，受封冠軍侯，又封驃騎將軍。

　　校尉是古代時期的官名之一，是中國歷史上重要的武官官職。校是中國古代軍事編制單位。尉是軍官，校尉就是部隊長官的意思。戰國末期就有了這個官職，秦朝時為中級軍官，漢朝時達到鼎盛時期，其地位僅次於各將軍。

霍去病征戰塑像

　　自此以後，一個傑出的軍事天才誕生了，霍去病逐漸成長為西漢武帝時期的名將。

　　公元前一二一年的春天，霍去病受命獨自率領精兵一萬人，準備出征匈奴。接到漢武帝的命令後，十九歲的霍去病帶著精兵，在陽關附近開始了對匈奴的征伐，這就是中國軍事史上赫赫有名的河西大戰。

　　霍去病不負眾望，在千里大漠中閃電奔襲，打了一場漂亮的大迂迴戰。短短六天中他轉戰了匈奴的五個部落，一路猛進，並在皋蘭山與匈奴盧侯王、折蘭王打了一場硬碰硬的生死戰。

在此戰中，霍去病慘勝，帶去的一萬名精兵僅剩三千人。而匈奴損失更是慘重，盧侯王和折蘭王都戰死，渾邪王子及相國、都尉被俘虜，被斬兵丁八千人，就連匈奴休屠的祭天金人也成了漢軍的戰利品。

相國是古代官名。春秋時期齊景公設左、右相，相成為齊國卿大夫的世襲官職。以後其他諸侯國也有設置，後來西漢劉邦做皇帝時，因為忌諱「邦」，「相邦」被稱為「相國」，後來慢慢地變成只有「丞相」一職。

在這一場血與火的對戰之後，漢王朝中再也沒有人質疑霍去病的統軍能力，他成為漢軍中的一代軍人楷模與尚武精神的化身。

同年夏天，漢武帝決定乘勝追擊，展開收復河西之戰。此戰，霍去病成為漢軍的統帥，而多年的老將李廣等人只作為他的策應。

這一戰中，配合作戰的公孫敖等人在大漠中迷了路，沒有造成應有的助攻作用，而老將李廣所部則被匈奴左賢王包圍。

陽關遺址

在這種情況下，霍去病遂再次西出陽關，孤軍深入並大勝。在祁連山，霍去病所部斬敵三萬餘人，俘虜匈奴王爺五人以及匈奴大小閼氏、匈奴王子五十九人，相國、將軍、當戶、都尉共計六十三人。

經此一役，匈奴不得不退到燕支山北，漢王朝收復了河西平原。

曾經在漢王朝頭上為所欲為、使漢朝人家破人亡無數的匈奴終於也唱出了哀歌：「亡我祁連山，使我六畜不蕃息；失我燕支山，使我婦女無顏色。」

從此，漢軍軍威大振，而十九歲的霍去病更成了令匈奴人聞風喪膽的戰神。

最能展示霍去病卓越的軍事天賦的戰役是「河西受降」之戰。當時，兩場河西大戰後，匈奴單于想狠狠地處理一再敗陣的渾邪王，消息走漏後，渾邪王和休屠王便想要投降漢朝。

此時，漢武帝不知匈奴二王投降的真假，遂派霍去病前往黃河邊受降。當霍去病率部渡過黃河的時候，匈奴降部中果然發生了譁變。

面對這樣的情形，霍去病竟然只帶著數名親兵就衝進了匈奴營中，面對渾邪王，下令他誅殺譁變士卒。霍去病的氣勢不但鎮住了渾邪王，同時也鎮住了四萬多名匈奴人，他們最終沒有將譁變繼續擴大。

親兵是指古代時期軍隊將領的隨身護衛，目的是負責保護將領的安全。親兵平時擔負警戒、傳訊等任務，戰時要隨將領衝鋒陷陣，是將領最親近、聯繫最緊密的兵士。古代的軍規中有「主將死，親衛無故而存者皆斬」的鐵律。

河西受降不但為飽受匈奴侵擾之苦百年的漢朝人揚眉吐氣，更從此使漢王朝真正控制了武威、張掖、酒泉、敦煌四個郡，河西走廊正式併入漢王朝。

其後不久，漢武帝就在這裡建立了陽關。從此，陽關成為抗擊外敵的一個重要軍事要塞。

古代攻城武器

　　法顯，俗姓龔，東晉司州平陽郡沙門，也就是後來的山西臨汾地區人。法顯有三個哥哥，都在童年夭亡，他的父母擔心他也會夭折，在他三歲的時候，就送他到佛寺當了小和尚。

　　當法顯十歲的時候，他的父親去世了。他的叔父考慮到法顯的母親寡居難以生活，便要他還俗。

　　法顯這時對佛教的信仰非常虔誠，他對叔父說：「我本來不是因為有父親而出家的，正是要遠塵離俗才入了道。」

法顯青銅像

　　他的叔父聽了之後很感動，沒有勉強他。不久，法顯的母親也去世了，他回去辦理完喪事之後就立即回到了寺裡。

　　法顯性情純厚。有一次，他與同伴數十人在田中割稻，遇到一些窮人來搶奪他們的糧食。

　　諸沙彌嚇得爭相逃奔，只有法顯一個人站著未動。他對那些搶糧食的人說：「君欲須穀，隨意所取。但君等昔不布施，故此生飢貧。今復奪人，恐來世彌甚。貧道預為君憂，故相語耳。」

　　法顯這段話是在說，你們如果需要糧食，就隨意拿吧！只是你們現在這樣貧窮，正因為過去不布施所致。如果搶奪他人糧食，恐怕來世會更窮。貧道真為你們擔憂啊！

說完，法顯從容地離開了，而那些搶糧的人竟被說服，棄糧而去。這件事使寺中僧眾莫不嘆服。

二十歲時，法顯受了大戒。從此，他對佛教信仰之心更加堅貞，行為更加嚴謹，時有「志行明敏，儀軌整肅」之稱譽。

公元三九九年的時候，六十五歲的法顯已在佛教界度過了六十二個春秋。此時，佛教在中國得到了很大發展。各種佛教流派紛紛傳入中土，佛教典籍，被大量翻譯。

中土也叫「中原」、「中華」、「中夏」、「華夏」或「諸華」，古指中原地區，也就是華夏民族和華夏文明的發源地。中土的概念是黃河中下游為中心的地域，意為國之中，天地之中。華夏民族的祖先根據天文、地理、和風水學的概念，認為位於中嶽嵩山山麓的中原河南登封，位居天下居中的位置。

六十多年的閱歷，使法顯深切地感到，當時中國佛經的翻譯趕不上佛教大發展的需要，特別是由於戒律經典的缺乏，使廣大佛教徒無法可循，以致上層僧侶窮奢極欲、無惡不作。

為了維護佛教的真理，矯正時弊，年近古稀的法顯毅然作出決定，西赴天竺，也就是古代的印度，去尋求戒律。

這年春天，法顯同慧景、慧嵬一起，從長安起身，向西進發，開始了漫長而艱苦的旅行。

公元四○○年的時候，他們到了張掖，遇到了智嚴、慧簡、僧紹、寶雲、僧景五人，組成了十個人的「巡禮團」，後來，又增加了一個慧達，總共十一個人。「巡禮團」西進至敦煌，得到了太守李浩的資助，西出陽關，沿陽關下的絲綢之路南道，向天竺進發。

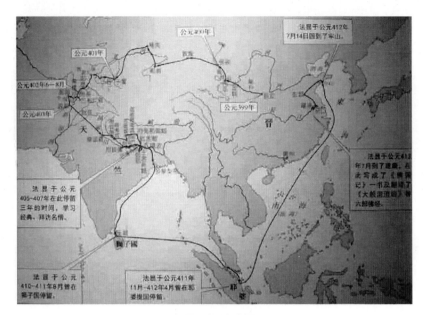

法顯取經線路圖

公元四〇九年，法顯求得了《彌沙塞律》、《長阿含》、《雜阿含》以及《雜藏》四部經典。至此，法顯身入異域已經十二年了。

他經常思念中國，又想著一開始的「巡禮團」或留或亡，而自己卻孤身一人，形影相弔，心裡無限悲傷。有一次，他在無畏山精舍看到商人以一把中國的白絹團扇供佛，觸物傷情，不覺潸然淚下。

公元四一二年，已經七十八歲的法顯前後共走了三十餘國，歷經十多年，終於回到了中國。此次出行，法顯不僅取回了不少佛教經典，還留下了傑作《佛國記》，得到了學者的高度評價。

在古代，陽關之外即是西域，這裡環境惡劣，法顯六十五歲高齡勇敢西出陽關，從而成為中國取經回國的第一人。他是中國佛教史上的一位卓越革新人物，是中國第一位到海外取經求法的大師，也是傑出的旅行家和翻譯家。

【閱讀連結】

傳說，法顯當年來到北天竺時，看到耆闍崛山上有一個寺廟。第二天，法顯想去拜謁這個寺廟，但其他僧人勸他說：「那段山路很難走，而且還有會吃人的獅子，何必要去呢？」

法顯回答說：「我走了這麼遠的路就是為了修習佛法，我誠心誠意地想得到修行，既然有了機會幹嘛要浪費呢？艱難和危險，我是不會怕的。」僧人們勸不住他，只好由兩名和尚陪他進山去了。到了晚上，法顯想要留宿在寺中，兩個僧人因為恐懼就離開了。

法顯在寺廟中獨自燒香禮拜。半夜裡，有三隻獅子出現了，搖著尾巴接近法顯，但法顯仍舊專心地誦經。有一隻獅子低下頭，趴在了法顯的身前。

法顯用手摸著獅子的頭說：「你們如果想傷害我，請等我先誦經完畢。如果你們只是試探我是否專心誦經，那你們現在就可以走了。」

過了一會，這些獅子居然真的離開了。

▍古老關塞的詩人情懷

提起陽關，人們馬上會想到唐代大詩人王維的詩句：「勸君更盡一杯酒，西出陽關無故人。」詩中那悲壯蒼涼的情緒，引發人們對這座古老關塞的嚮往。陽關特殊的地理位置、悠久的歷史固然是陽關揚名的重要原因，除此之外，詩詞也是它聞名遐邇的一個重要因素。

王維（公元七○一年至七六一年），字摩詰，河東蒲州，今山西運城人，祖籍山西祁縣，唐朝詩人，有「詩佛」之稱。他是盛唐詩人的代表，今存詩四百餘首，重要詩作有《相思》、《山居秋暝》等。王維精通佛學，受禪宗影響很大。佛教有一部《維摩詰經》，是王維名和字的由來。王維詩書畫都很有名，非常多才多藝，音樂也很精通。

陽關場景再現

　　南北朝時期的東宮學士，後成為宮體文學代表作家的庾信，寫過一首《重別周尚書》。詩中寫道：

　　陽關萬里道，不見一人歸。

　　唯有河邊雁，秋來南向飛。

　　寫這首詩時，庾信從南方的南朝出使北方鮮卑族政權西魏，被扣留在北方。在以後的歲月裡，陳朝取代了梁，北周取代了西魏，而被扣留的庾信卻一直未能南歸，心情十分痛苦。

　　在這樣的處境中，庾信的老朋友、陳朝派來的使者周弘正將要回南方去了，更觸發了他的煩惱。周弘正原在梁朝做左戶尚書，所以詩中稱為「周尚書」。

　　詩的起句「陽關萬里道，不見一人歸」一句，詩中呈現的那一條萬里古道被描繪得空寂無一歸人，從中流露出作者期盼南迴的一種心情。

　　雁在詩中又用來比喻南還的周弘正，同時也借用西漢時期出使匈奴的蘇武鴻雁寄書的著名典故，藉以表達對故鄉的思念以及對個人命運的痛苦感受。

　　唐代「大曆十才子」之一的耿洪源，一生多從事軍事和司法方面的事情，在大曆年間，也就是公元七六六年至七七九年的時候，他曾到過西域陽關一帶，並留下了一首《隴西行》。

　　大曆十才子指活躍於唐代宗大曆年間的一個詩歌群體，由十位詩人所代表的一個詩歌流派。他們的共同特點是偏重詩歌形式技巧。十才子分別為李端、盧綸、吉中孚、韓翃、錢起、司空曙、苗發、崔洞、耿洪源、夏侯審。

　　詩中寫道：

　　雪下陽關路，人稀隴戍頭。

　　封狐猶未剪，邊將豈無羞。

　　白草三冬色，黃雲萬里愁。

　　因思李都尉，畢竟不封侯。

陽關遺跡

耿洪源還曾在他的《送王將軍出塞》中又提到陽關：

漢家邊事重，竇憲出臨戎。

絕漠秋山在，陽關舊路通。

列營依茂草，吹角向高風。

更就燕然石，行看奏虜功。

大漠秋山依在，陽關舊路通暢。和王維詩中的陽關不同，一生從事軍事和司法的耿洪源，其筆下的陽關沒有王維那麼多的離別傷情，耿洪源詩中所表達的樂觀情緒，展現的是對未來的展望和友人建功立業的祝願，尾句「奏虜功」三個字就明確地點明了詩人的這一心情。

王維精通佛學，受禪宗影響很大。佛教有一部《維摩詰經》，是王維名和字的由來。王維詩書畫都很有名，非常多才多藝，音樂也很精通。與孟浩然合稱「王孟」。

　　王維描繪自然風景的高度成就，使他在盛唐詩壇獨樹一幟，成為山水田園詩派的代表人物。他繼承和發展了謝靈運開創的山水詩的傳統，對陶淵明田園詩的清新自然也有所吸取，使山水田園詩的成就達到了一個高峰，因而在中國詩歌史上占有重要的位置。

　　山水詩是指描寫山水風景的詩。雖然詩中不一定純寫山水，也可能有其他的輔助內容，但是呈現耳目所及的山水狀貌聲色之美，則必須是詩人創作的主要目的。山水詩是由南北朝詩人謝靈運開創，脫胎於玄言詩。中國紹興是山水詩的發祥地。

　　田園詩是由東晉時期陶淵明開創的一個詩歌流派，主題是詠田園生活，多以農村景物和農民、牧人、漁父等的勞動為題材。唐宋時期詩歌中的田園詩主要變成了文人和從官場退居田園的仕宦者們所作的以田園生活為描寫對象的詩歌。田園詩風格恬淡疏樸，獨具一格。

陽關遺址「東望長安」匾額

　　同時，王維的繪畫成就也很高，蘇東坡讚他「詩中有畫，畫中有詩。」他尤以山水詩成就為最。

　　也許正是有了在詩、畫等方面的造詣，王維才寫出了《送元二使安西》這樣流傳千古的詩篇。

這首詩為王維贈別友人而作：

渭城朝雨浥輕塵，客舍青青柳色新。

勸君更盡一杯酒，西出陽關無故人。

這是一首送朋友去西北邊疆的詩。安西，是唐代朝廷為統轄西域地區而設的安西都護府的簡稱，治所在龜茲城，也就是後來的新疆維吾爾自治區的庫車。這位姓元的友人是奉朝廷的使命前往安西的。

唐代從長安往西去的，多在渭城送別。渭城也就是秦都咸陽故城，在長安西北，渭水北岸。

咸陽地處「八百里秦川」的腹地，是中國著名古都之一。漢高祖初年，劉邦恢復被項羽焚毀的咸陽，取名新城。武帝年間，因咸陽臨近渭水，因此更名為渭城。

前兩句寫送別的時間，地點，環境氣氛。清晨，渭城客舍，自東向西一直延伸、不見盡頭的驛道，客舍周圍、驛道兩旁的柳樹。這一切，都彷彿是極平常的眼前景，卻風光如畫，抒情氣氛濃郁。

「朝雨」也就是早晨的雨，下得不長，剛剛潤濕塵土就停了。從長安西去的大道上，平日車馬交馳，塵土飛揚，而現在，天氣晴朗，道路顯得潔淨。

「浥輕塵」的「浥」字是濕潤的意思，顯出這雨澄塵而不濕路，恰到好處，彷彿天從人願，特意為遠行的人安排一條輕塵不揚的道路。

客舍，本是羈旅者的伴侶，楊柳，更是離別的象徵。它們本來因為總是和羈愁別恨聯結在一起而呈現出黯然銷魂的情調，卻因一場朝雨的灑洗而別具明朗清新的風貌，「客舍青青柳色新」。

陽關古建築遺址

　　平日路塵飛揚，路旁柳色不免籠罩著灰濛濛的塵霧，一場朝雨，才重新洗出它那青翠的本色，所以說「新」，又因柳色之新，映照出客舍青青來。

　　總之，從清朗的天空，到潔淨的道路，從青青的客舍，到翠綠的楊柳，勾勒出一場深情的，卻不是黯然銷魂的離別。相反地，倒是透露出一種輕快而富於希望的情調。

陽關古建築遺址

　　這首詩對如何設宴餞別，宴席上如何舉杯，殷勤話別，以及啟程時如何依依不捨，登程後如何矚目遙望等，一概捨去，只有餞行宴席即將結束時主人的勸酒辭：再乾了這一杯吧，出了陽關，可就再也見不到老朋友了。

　　宴席已經進行了很長一段時間，釀滿別情的酒已經喝過多巡，殷勤告別的話已經重複過多次，朋友上路的時刻終於不能不到來。主客雙方的惜別之情在這一瞬間都到達了頂點，最後的勸酒辭就是此刻強烈、深摯的惜別之情的集中表現。

　　處於河西走廊盡西頭的陽關，和它北面的玉門關相對，從漢代以來，一直是內地出向西域的通道。

　　唐代國勢強盛，內地與西域往來頻繁，從軍或出使陽關之外，在盛唐人心目中是令人嚮往的壯舉。但當時陽關以西還是窮荒絕域，風物與內地大不相同。

　　朋友「西出陽關」，雖是壯舉，卻又不免經歷萬里長途的跋涉，備嘗獨行窮荒的艱辛寂寞。因此，這臨行之際「勸君更盡一杯酒」，就像是浸透了詩人全部豐富深摯情誼的一杯濃郁的感情瓊漿。

　　這裡面，不僅有依依惜別的情誼，而且包含著對遠行者處境、心情的深情體貼，包含著前路珍重的殷勤祝願。

　　對於送行者來說，勸對方「更盡一杯酒」，不只是讓朋友多帶走一分情誼，而且有意無意地延宕分手的時間，好讓對方再多留一刻。

　　「西出陽關無故人」之感，又何嘗只屬於行者呢？臨別依依，要說的話很多，但千頭萬緒，一時竟不知從何說起。

　　在無言相對的沉默中，「勸君更盡一杯酒」，就是不自覺地打破這種沉默的方式，也是表達此刻豐富複雜感情的方式。

　　這首詩所描寫的是一種最有普遍性的離別。它沒有特殊的背景，而自有深摯的惜別之情，這就使它適合於絕大多數離筵別席演唱，後來編入樂府，成為最流行、傳唱最久的歌曲。

陽關博物館

「西出陽關無故人」一句的影響是巨大的。

除了那首廣為人知的《送元二使安西》之外，在留傳下來的王維作品中，還有寫到陽關的詩。和《送元二使安西》一樣，王維的《送劉司直赴安西》，也是一首送別詩。

王維在《送劉司直赴安西》中寫道：

絕域陽關道，胡沙與塞塵。

三春時有雁，萬里少行人。

苜蓿隨天馬，葡萄逐漢臣。

當令外國懼，不敢覓和親。

詩人鼓勵劉司直赴邊立功，同時也流露出自己希冀有所作為以使國家強盛的壯志豪情。

詩的前兩聯介紹友人赴邊的道路情況。第一聯「絕域陽關道，胡煙與塞塵」，指出路途遙遠，環境惡劣。「絕域」，指的就是陽關之外極遠的地域。

這兩句是寫這條西去路的前方是邊塞，接近胡人居住的地區。那裡烽煙瀰漫，沙土飛揚，一望無垠，滿目淒涼。

第二聯以空中與地上景象相互映襯，進一步表現陽關之外路途的寂寞荒涼。正值三春季節，南國正是「江南草長，群鶯亂飛」之時，無奈陽關之外，一路上唯見偶爾飛過的歸雁，平視前方，漫漫長路上極少有行人往來。

詩的最後一聯中以「不敢覓和親」，指西北地區少數民族建立的政權對唐王朝的臣服。這兩句看似泛指，實際上是針對「劉司直赴安西」而言的，希望劉司直奔赴陽關之外，幹出一番事業，弘揚國威。

王維關於陽關的詩，還有一首《送平淡然判官》，詩中說道：

不識陽關路，新從定遠侯。

黃雲斷春色，畫角起邊愁。

瀚海經年到，交河出塞流。

須令外國使，知飲月氏頭。

此詩寫於盛唐時期，「須令外國使，知飲月氏頭」之句，可以反映出大唐強大的國力使西域諸國畏服。

除了《送元二使安西》之外，對陽關影響較為巨大的當數《陽關三疊》了。《陽關三疊》，又名《陽關曲》或《渭城曲》，是根據王維《送元二使安西》譜寫的一首著名的藝術歌曲。

千百年來，《陽關三疊》被人們廣為傳唱，有著旺盛的藝術生命力。在歷史上，《陽關三疊》曾發生不少變化，這些變化更加神祕。

《陽關三疊》的歷史最早可以追溯至唐代，王維的《送元二使安西》在唐代就曾以歌曲形式廣為流傳，並收入《伊州大曲》作為第三段。因為詩中有「渭城」、「陽關」等地名，所以，又名《渭城曲》、《陽關曲》。

陽關故址碑刻

後來的唐代末期詩人陳陶曾寫詩說：「歌是《伊州》第三遍，唱著右丞征戍詞。」

李商隱雕塑

　　說明它和唐代大曲有一定的聯繫。這首樂曲在唐代非常流行，不僅是由於短短四句詩句飽含著極其深沉的惜別情緒，也因為曲調情意綿綿、真切動人。

　　唐代詩人曾用許多詩句來形容過它，如李商隱的「紅綻櫻桃含白雪，斷腸聲裡唱陽關」等。

　　大約至宋代，《陽關三疊》的曲譜便已失傳了。後來人們所見的古曲《陽關三疊》，則是一首琴歌改編而成。《陽關三疊》傳至後代，有多種曲譜和唱法，僅宋代時期就有三種，連北宋著名文學家蘇軾，也說他本人聽過兩種。

琴是古代弦樂器，最初是五根弦，後加至七根弦，也叫「七弦琴」，通稱為「古琴」。在古代，擅長琴藝是展示修養和才藝的重要特徵之一，古人的文化修養是用琴、棋、書、畫四方面的才能來表現的，於是善於彈琴成為了四大才能之首。

琴歌即撫琴而歌，是古琴藝術的重要表現形式之一，能夠較好地表現古琴富於歌唱性的特點。在中國古代，琴歌就已出現。現存最早的琴歌曲譜是宋代文學家姜夔創作的琴歌《古怨》。明代以後也有不少琴譜，比如《太古遺音》、《重修真傳琴譜》、《伯牙心法》等，都對琴歌作品進行了收錄。

後世留傳下來的《陽關三疊》歌譜共三十多種，它們在曲式結構上有些差別，曲調則大同小異。

全曲曲調淳樸而富有激情，略帶淡淡的愁緒，以同音反覆作為結束音，強化了離情別意及對遠行友人的關懷，與詩的主題十分吻合。

後世留傳較廣，經常演奏的《陽關三疊》琴歌，出自清末張鶴所編的《琴學入門》，全曲三大段，即三次迭唱。每次迭唱除原詩外，加入若干詞句，係從原詩詩意發展而來，結束時添加尾聲。

據公元一八六四年清代琴士張鶴所編的《琴學入門》記載，《陽關三疊》全曲共分三大段，用一個基本曲調將原詩反覆詠唱三遍。故稱「三疊」。

曲譜的每迭又分前後兩段，琴歌開始加了一句「清和節當春」作為引句，其餘均用王維原詩。後段為新增歌詞，每迭不盡相同，帶有副歌的性質，分別渲染了「宜自珍」的惜別之情、「淚沾巾」的憂傷情感和「尺素申」的期待情緒。

曲譜的旋律以五聲商調式為基礎，音調淳樸而富於激情，特別是後段「遄行，遄行」等處的八度跳進及「歷苦辛」等處的連續反覆陳述，情真意切，激動而沉鬱，充分表達出作者對即將遠行的友人那種無限關懷、留戀的誠摯情感。

《陽關三疊》歌曲結尾處漸慢、漸弱，抒發了一種感嘆的情緒。

■ 陽關古代城牆

《陽關三疊》的《琴學入門》琴歌歌詞寫道：

清和節當春，渭城朝雨浥輕塵，客舍青青柳色新。勸君更進一杯酒，西出陽關無故人！霜夜與霜晨。遄行，遄行，長途越渡關津，惆悵役此身。歷苦辛，歷苦辛，歷歷苦辛宜自珍，宜自珍。

渭城朝雨浥輕塵，客舍青青柳色新。勸君更進一杯酒，西出陽關無故人！依依顧戀不忍離，淚滴沾巾，無復相輔仁。

感懷，感懷，思君十二時辰。參商各一垠，誰相因，誰相因，誰可相因。日馳神，日馳神。

■ 陽關都護府

　　《陽關三疊》還有《陽春堂琴譜》。此版本被視為是《陽關三疊》最為淒涼的一個調。

　　除了《琴學入門》、《陽春堂琴譜》的歌詞外，《陽關三疊》還有其他的幾種歌詞，包括《西峰重修琴譜》、《風宣玄品》。《陽關三疊》一唱三嘆，一嘆三迭，讓人叫絕。樂曲牽動著哀婉、纏綿的憂思向外飄出，悠悠不盡，纏綿不絕。

　　元代初期的史學家、文豪姚燧曾經填過一首《中呂‧醉高歌》，曲中寫道：

　　岸邊煙柳蒼蒼，江上寒波漾漾。

　　陽關舊曲低低唱，只恐行人斷腸。

　　曲中的陽關舊曲自然是指王維的《渭城曲》，後人將其譜成送別曲來唱。

　　此曲所寫的是姚燧送別友人時的離愁別緒。開頭兩句透過「煙柳」與「寒波」寫江邊蒼茫的景色，襯托與友人難離難捨的悲愴。

　　後兩句是寫送行人唱曲的心境。送人遠行本來就心情淒哀，若再反覆高唱「西出陽關無故人」就會更增加友人的哀愁，出於關心友人的體貼及《渭城曲》的特點，所以送行人只能「陽關舊曲低低唱」，以免行人聞聲腸斷。

在中國古代陽關多戰事的時代，這首樂曲表達了人們出關戍邊，親友送別的複雜心情，因此經久不衰，流傳下來，成為了陽關文化的一部分。

陽關之地是非常乾燥和荒涼的，這一點可以從杜甫的《送人從軍》中看到：

弱水應無地，陽關已近天。

今君渡沙磧，累月斷人煙。

好武寧論命，封侯不計年。

馬寒防失道，雪沒錦鞍韉。

詩中的「弱水」、「陽關」，皆屬隴右道，寫這首詩時，這裡正發生吐蕃之役。詩中「近天」，是謂天邊頭。「累月斷人煙」一句生動地刻畫了陽關之外的荒涼。

蘇軾，字子瞻，號東坡居士，生於公元一〇三七年，是北宋時期文學家、書畫家。他一生仕途坎坷，學識淵博，天資極高，詩文書畫皆精。他的文章汪洋恣肆，明白暢達，與歐陽脩並稱「歐蘇」，為「唐宋八大家」之一。詩清新豪健，善用誇張、比喻，藝術表現獨具風格，與黃庭堅並稱「蘇黃」。詞開豪放派，對後世有巨大影響，與辛棄疾並稱「蘇辛」。

蘇軾在書法方面擅長行書、楷書，能自創新意，用筆豐腴跌宕，有天真爛漫之趣，與黃庭堅、米芾、蔡襄並稱「宋四家」。

蘇軾畫學文同，論畫主張神似，提倡「士人畫」。並著有《蘇東坡全集》和《東坡樂府》等。他曾經填過一首《漁家傲》，其詞名為《送張元唐省親秦州》。詞中寫道：

一曲陽關情幾許，知君欲向秦川去。白馬皂貂留不住。回首處，孤城不見天霖霧。

到日長安花似雨，故關楊柳初飛絮。漸見靴刀迎夾路。誰得似，風流膝上王文度。

在這首詞中，蘇軾提到的「一曲陽關」，主要是借用陽關以表達他送別友人的離別愁緒。

蘇軾一生愛惜人才，廣交朋友，而且心胸豁達，待人樸厚真誠，可謂朋友遍天下。但宦海浮沉，官場常有不測。他與朋友常因升遷、貶謫而輾轉江湖。

蘇軾十分珍重朋友間的歡聚與重逢，一旦與朋友分別，悵然之緒便油然而生。「一曲陽關情幾許，知君欲向秦川去。」寫得相當有境界、有氣勢。

李清照出生於公元一〇八四年，號易安居士，是宋代南北宋之交時期的女詞人，更是婉約詞派代表，有「千古第一才女」之稱。

婉約詞派是宋詞流派之一。婉約詞派的特點主要是內容側重

蘇東坡塑像

兒女風情，結構深細縝密，音律婉轉和諧，語言圓潤清麗，有一種柔婉之美。婉約派的代表人物有李煜、柳永、晏殊、歐陽脩、秦觀、周邦彥、李清照等。

李清照早期生活優裕，與夫趙明誠共同致力於書畫金石的收集整理。她所作的詞，前期多寫其悠閒生活，後期多悲嘆身世，情調感傷，語言清麗。

論詞強調協律，崇尚典雅，提出詞「別是一家」之說，反對以作詩文之法作詞。和許多文人提到陽關一樣，李清照作品中提到的陽關，也是作為離別符號使用的。

她在所填的一首《蝶戀花》中寫道：

淚濕羅衣脂粉滿，四迭陽關，唱到千千遍。人道山長山又斷，蕭蕭微雨聞孤館。

惜別傷離方寸亂，忘了臨行，酒盞深和淺。好把音書憑過雁，東萊不似蓬萊遠。

這首詞寫於公元一一二一年的秋天，當時，李清照的丈夫趙明誠為萊州知州，李清照從青州赴萊州途中，住宿於宿昌樂驛館時寄給家鄉姊妹的。

整首詞透過詞人自青州赴萊州途中的感受，表達她希望姐妹寄書東萊、互相聯繫的深厚感情。

「淚濕羅衣脂粉滿」，詞人直陳送別的難分難捨場面。詞人抓住姊妹送別的兩個典型細節來做文章：「淚」和「脂粉」，當然，這其中也包括了自己無限的傷感。

李清照塑像

接著，「四迭陽關，唱到千千遍。」熱淚縱橫，猶無法表達姊妹離別時的千般別恨，萬種離情，似唯有發之於聲，方能道盡惜別之痛，難分難捨之情。關於「四迭陽關」的說法，蘇軾《論三迭歌法》中曾經提道：

■ 陽關城樓

舊傳《陽關》三疊，然今世歌者，每句再疊而已。若通一首言之，又是四疊。皆非是。若每句三唱，以應三疊之說，則叢然無復節奏。余在密州，文勛長官以事至密，自云得古本《陽關》。

每句皆再唱，而第一句不疊，乃知古本三疊蓋如此。及在黃州，偶得樂天《對酒》云：「相逢且莫推辭醉，聽唱陽關第四聲。」注云：「第四聲勸君更盡一杯酒」。

以此驗之，若一句再疊，則此句為第五聲；今為第四聲，則第一句不疊審矣。

由此觀之，李清照詞中的「四疊陽關」的說法無誤。「千千遍」則以誇張手法，極力渲染離別場面之難堪。

值得注意的是，詞人寫姊妹的別離場面，竟用如此豪宕的筆觸，表現了詞人的筆力縱橫，頗具恣放特色，在其《鳳凰台上憶吹簫》一詞中有「這回去也，千萬遍《陽關》，也即難留」，似同出一機杼。

臨別之際，姊妹們說此行路途遙遙，山長水遠，而今自己已行至「山斷」之處，不僅離姊妹們更加遙遠了，而且又逢上了蕭蕭夜雨，淅淅瀝瀝煩人心

境，自己又獨處孤館，更是愁上加愁。詞作上片從先回想，後抒寫現實，從遠及近，詞脈清晰。

　　李清照本來就是宋代著名的婉約詞派人，她匠心獨具地把陽關這個代表離別的符號引入了作品，更把離別的愁緒抒發的淋漓盡致。

陽關遺址建築

　　南宋詞人姜夔曾經填過一首詞《琵琶仙》，詞名為《雙槳來時》。詞中寫道：

　　雙槳來時，有人似、舊曲桃根桃葉。歌扇輕約飛花，蛾眉正奇絕。

　　春漸遠、汀州自綠，更添了幾聲啼鴃。十里揚州，三生杜牧，前事休說。

　　又還是、宮燭分煙，奈愁裡、匆匆換時節。都把一襟芳思，與空階榆莢。

　　千萬縷、藏鴉細柳，為玉尊、起舞回雪。想見西出陽關，故人初別。

　　這首詞描寫春遊時偶遇與昔日戀人相似之女子，而勾起對往日情致的美好回憶。詞的上片寫奇遇時的感受和悵惘，下片寫芳景虛逝的怨恨。

　　詞尾「西出陽關」借用王維「西出陽關無故人」之句，傳達出昔日歡愛已不得，唯見楊花柳絮漫天舞的惆悵與傷感。

陽關對中國文化的影響一直存在著，支撐這種影響存在的就是陽關文化。多少年來，無數遷客、文人墨客對它的吟誦，陽關的詩詞、曲賦、散文等文學抒寫，使這個軍事要塞充滿了濃厚的文化底蘊。

【閱讀連結】

元代歌伎劉燕歌，善歌舞，能詞曲。劉燕歌有一首涉及陽關的散曲《太常引》尤為有名，詞曲寫道：「故人別我出陽關，無計鎖雕鞍。今古別離難，蹙損了蛾眉遠山。一尊別酒，一聲杜宇，寂寞又春殘。明月小樓間，第一夜相思淚彈。」

劉燕歌這首為她的情人齊參議餞行的小令，寫得情意纏綿、情真意切。小曲出語自然，而且低回婉轉。悵悵然有寥落之思，頻頻回首之效。

山西太行關豫晉雄關

　　天井關建於公元前二二年，也叫「雄定關」、「太行關」，是豫晉邊境第一雄關，位於晉城南二十多公里，澤州縣南部晉廟鋪鎮太行山最南麓天井關村，因關南有深莫能測的天井泉三處而得名。天井關南延二十五公里，分大、小兩個關隘口，沿途有很多關城、古道和堡寨。

　　太行關古為豫晉邊界，位於太行山的最南部，是通往河南沁陽的關隘，史稱「太行八陘之一」。古為南北要衝，從春秋戰國至明清時期，干戈迭起，為兵家必爭之地。

▌太行道的古代建築

太行道又稱「丹陘」，陘闊三公尺，長二十公里，雄踞太行山南端，是太行八陘最為重要的一條古代通道。

周圍峰巒疊嶂，溝壑縱橫，古陘叢峙，是豫北通往澤州的一條重要交通孔道，歷史上為南控中原、北抵澤州的重要軍事要道。形勢雄峻，素稱「天險」。由此陘南下可直抵虎牢關，是逐鹿中原的要陘之一。

據史書記載，此起澤州縣天井關，南至河南沁陽常平村之間的太行道，山路盤繞似羊腸，關隘林立若星辰，地理位置十分重要。特別是天井關，更是天下名關，古人稱其是「形勝名天下，危關壓太行」。

太行山古建

從西漢時期設立天井關後，歷朝歷代這裡紛爭不斷，兵戈迭起，大小戰爭數百起，給這裡留下了豐厚的文化積澱。

這一帶關隘共包括羊腸坂、磐石長城、碗子城、古長城、孟良寨、焦贊營、大口、小口、關爺嶺、斑鳩嶺、攬車村、天井關等多處要塞。

星軺驛和天井關有著密切的聯繫，並與古道共存亡。星軺驛以南的橫望隘、小口隘、碗子城，則是天井關所轄的重要關隘，從春秋戰國時期至明清時期，這裡干戈迭起，硝煙不散，為歷代兵家必爭之地。

橫望隘和小口隘，位於天井關村以南十二公里處的太行絕頂，是晉豫古道上的重要關口。

碗子城的城門

橫望隘也叫「大口隘」，因唐代宰相狄仁傑自汴州北上路經此地時，登山遙望，白雲孤飛，他便想起留在河陽的父母而懷情吟詩，澤州太守為之刻石紀念，橫望隘因此得名。

相傳北宋大將孟良曾在此築寨，把守關口，因此叫做「孟良寨」。

小口隘位於小口村南的山梁上，兩邊山嶺高峻，崖懸溝深。公元六〇七年的時候，隋煬帝南上太行，想到河南沁陽的御史張衡家中，為此專門開道四十五公里，由此通過。

北宋時期大將焦贊在此修築城寨，防守關口，叫做「焦贊城」。時隔千年，焦贊城已不存在，而孟良寨由於修築堅固，寨牆仍屹立在太行山的高崗上。

因為戰爭需要，太行道沿途建築了不少古寨和墩台。他們因山勢而建，形制各異，古寨有碗子城、磨盤寨、焦贊城、孟良寨、韋銓寨、寨河寨、清風寨、大寨、小寨等。

寨柵之外，因為傳遞訊息的需要，仍有墩台十餘個，分別為萬善墩、碗子城左右雙墩、大口墩、油坊墩、小口墩、黑石嶺墩、水奎墩、天井關墩、道口墩。

其建設修繕狀況，有據可查的僅在《鳳台縣志》裡記載碗子城道：

碗子城，縣南四十五里。唐初置此，以控懷澤之衝。其城甚小，故名。

至公元一八六一年，為防獲嘉李占標起義兵北上太行，澤州知府派兵在太行布防，鳳台知縣阮蒅調四鄉團練一萬人防守，並「置墩台以塞城外之路，高與城齊，築牛馬牆數十餘丈屬於台，以護城。」又在碗子城中「修建兵房六間」，以使守關吏卒在風雨寒雪時能夠避居。

知縣也叫「知縣事」，中國古代的一個官職，是一縣的主官，主要管理一縣的行政。如果所在縣城駐有戍兵，也要兼管軍事，兼任兵馬都監或監押。元代時縣的主官改稱縣尹，因為官銜在正七品，俗稱「七品芝麻官」。

■太行山古建築

與此同時，重修小口城牆，並在城外用土堆成數個烽火台，在台下修築關門。又在門內修建幾間房子，「規制略如碗子而殺之」，於是「守備大固，

人心悉定。山下烽火照關門，卒無有一人一騎萆山而近址者。」這次修造共歷時兩個月。

太行上山上的古寨遺跡

因為歷史的發展演變，這些建築越來越失去其作用。古寨保存完好的只有碗子城、孟良寨、磨盤寨、韋銓寨、清風寨遺跡，其餘的或有部分遺跡，或已夷為平地。

除了黑石嶺墩有遺跡，水奎墩和天井關墩有一饅頭狀土包，其餘的墩台則全都沒有保存下來。其中，天井關墩已被村人稱為「沿村圪堆」，後來又被命名為「擎關頂」。

太行道上的宗教建築，見於記載的有普照寺，也就是後來的小月寺，還有大月寺、天井關文廟、天井關關帝廟、天井關玉皇廟、攔車孔廟、攔車關帝廟、冶底岱廟等。

大月寺位於三教河西岸，寺院四面環山，三教河流經其下。寺院東西三十七公尺，南北二十二公尺，全寺面積為八百一十四平方公尺。坐北朝南，背靠筆架山，東臨駱駝崖，南接皇箭垴，環境幽雅。

　　據寺內碑文記載，寺院創建於公元一五一六年。大月寺在公元一六四八年和一七五〇年的時候進行了重修。

　　寺為一進院，北有正殿五間，左右耳殿各三間，東西配殿各三間，正殿對南殿五間，右耳殿對南敞棚三間。左耳殿對倒座戲台三間，南殿與戲台間開山門一個，面寬一間。

　　後來，當地又在西邊增設北大殿一院三間，左右耳殿各一間，西、南兩面為院牆。正殿硬山頂，面寬五間，四椽栿。殿前闢三門，門寬一間，均設六扇隔扇門。寺內後存明清重修碑碣二十餘塊。

　　四椽栿是古代木構架建築的樣式之一。栿就是梁，建築的縱向主要承重構件，栿上面橫向的構件是槫，也叫「檁條」。槫挑上面縱向搭的小木棍是椽，兩條槫之間的椽子稱為「一架椽」，襯了四架椽子的就是「四椽栿」。

　　隔扇門是古代建築中最常用的一種門扇形式，出現於唐代。隔扇門要整排使用，通常為四扇、六扇和八扇，主要由隔心，條環板，裙板三部分組成。格門上部為格心，由花樣的欞格拼成，可透光。下部為裙板，不透光，可以有木刻裝飾，還可以除下。

太行山古寨遺跡

　　小月寺位於窯掌村北兩公里的玉柱峰北，山環水繞，是澤州古代一大禪林。初名「普照寺」，始建於金代。在公元一五一六年的時候，更名「小月院寺」。

太行山古建遺跡

　　清代星輅人張瑞祥在《月院山普照寺紀勝碑》裡記述了當時小月寺環境的清幽：「石壁嵯峨，飛流噴薄，喬林丹壑，獸怪禽奇。」

　　清代康熙文淵閣大學士陳廷敬遊此後也寫道：

　　樹杪水濺濺，群峰矗碧天。

　　松門留曉月，板屋過流泉。

　　谷口山城遠，窗中鳥道懸。

　　前林少人跡，寒磬下溪煙。

　　冶底岱廟建於冶底村西陽坡之上。公元一五一二年，松月野叟在亮月庵所撰寫的《重修東嶽廟碑》記載冶底岱廟時說道：

　　其廟聖境者，龍泉水滿，竹木森然；殿宇廊廡，次第行列，誠無浪說也。

冶底岱廟依地勢而建，分為上下兩院。上院正殿為天齊殿，是公元一〇八〇年重修而建的。這間正殿面寬三間，進深三間，是單檐歇山頂，出檐二點五公尺，斗栱構架循宋、金營造法式。

斗栱又稱「斗科」、「欂櫨」，是木構架建築結構的關鍵性部件。斗栱用來在橫梁和立柱之間挑出以承重，將屋簷的荷載經斗栱傳遞到立柱。同時，斗栱也有一定的裝飾作用，是中國古典建築的顯著特徵之一。

大殿正門外的方形覆蓮石柱礎、方形抹角石柱與分列四根石柱頂端的題名。公元一一八七年，古人為其雕刻了石刻門框、對獅石雕門礅，工藝精湛，銘記明確。

正殿殿內有精美的磚雕神台和木雕神龕花罩，殿頂是高二點三公尺的琉璃龍吻，活靈活現的工藝使兩盤四爪蛟龍從天而降，騰臨殿脊。

【閱讀連結】

一天，魏將司馬懿率一支輕騎到封地巡察，行至半山腰一開闊地，戰馬突然裹步不前。兩隨從也揚鞭催馬，豈料戰馬竟然跪臥不起。

司馬懿正在疑惑，見路旁有一怪石似乎在嘲笑他，不禁大怒，撥出隨身佩劍向怪石刺去，劍身竟刺入石中不能撥出。這時，一隨從稟報說，民間傳說此山有一白龍神馬，因此凡馬不敢上山。

司馬懿聽罷，祈禱說，我乃魏將司馬懿，請神馬放行。說來也怪，司馬懿祈禱完畢，戰馬便一溜煙似的向山頂奔去。後來，司馬懿的孫子司馬炎稱帝后，便迫不及待地北上太行，為追思其先祖司馬懿，就叫人在山上修了一座晉廟。後來人們就把這座山叫做「司馬山」。

▌天井關的歷史沿革

公元前十七世紀初，是夏代的後期，商湯討伐夏桀，迫使夏桀把都城安邑遷移到高都，就是後來的澤州高都。夏桀居住在鎮南垂棘山的山洞裡，而

太行陘是安邑到高都的必經之地。在此時，晉東南豫西北一帶附近就成為了夏桀遷都後的主要活動地方。

天井關城門

後來清代地理學家和學者顧祖禹編撰的巨型歷史地理著作《讀史方輿紀要》記載：「湯歸，自伐夏，至於太行。」《澤州縣志》也記載：「夏桀居天門……桀始遷於垂。」這裡的天門是指天井關。

《讀史方輿紀要》原名《二十一史方輿紀要》，是清代初期地理學家顧祖禹獨撰的一部巨型歷史地理著作，綜記山川關塞的險要程度，並對其是否適用於戰爭中防守的場地以及軍事重要程度進行了詳細的分析，具有濃厚的歷史軍事地理學特色，其核心在於闡明地理形勢在軍事上的策略價值。

天井關雄踞太行山的最南部，故又名「太行關」，地處晉豫交界的澤州晉廟鋪境內。天井關因關前有三口深不可測的天井泉而得名，為山西的六大雄關之一，是利用太行天險而修築的重要關隘，是晉豫穿越太行的交通要道。

天井關分別由天井關城、星軺驛和多處險隘要塞所組成。天井關周圍峰巒疊嶂，溝壑縱橫，古隘叢峙，地勢險峻。歷史上為南控中原，北扼上黨的軍事要塞。

天井關在古史中稱其是「河東屏翰」、「冀南雄鎮」。後來東漢時期歷史學家班固編撰的中國第一部紀傳體斷代史《漢書·地理志》記載：「上黨高都有天井關，即天門也」，這是有關天井關的最早記載。

太行山天梯

　　天井關地處太行南北，豫晉兩省之交通要道，形勢險峻，是歷代兵家必爭要地。

　　中國第一部記述水系的著作《水經》記載說：

　　天井溪出天井關，北流注白水，世謂之北流泉。

　　在公元前十一世紀，西伯侯文王姬昌帶領大軍，包圍了商朝西南的田獵區及軍事基地鄂國的都城，並占領了太行陘南端的大片領地，為攻伐商紂掃清了障礙。

　　公元前九二二年，周穆王姬滿西巡時，走到翟道時沒有道路了，只有從天井關經過。傳說周穆王從天井關出發，馳驅千里，最後才到達崑崙冊，與西王母相會了。

　　傳說春秋末期儒家創始人孔子在魯國設壇講學，他門下有很多弟子。孔子聽說太行關所在的太行山那裡有一個村莊，居住在那裡的人都十分博學，就想帶著弟子去那裡遊覽一下，傳播自己的學術。

　　孔子與弟子們來到太行關後，一邊乘車一邊遊覽當地的風景。這時，前面道路上幾個玩鬧的孩童看見有車馬過來，紛紛躲避讓行，只有一個孩子站在路中央紋絲不動，腳邊還有一圈泥土。

　　孔子弟子子路馬上停下車，讓孩子走開，但那孩子還是沒有避讓。孔子見狀，問那個孩子說：「你看見馬車為什麼不躲開呀？」

　　那個小孩笑著說：「這裡有一座城池在路中間，車馬怎麼可能過得去呢？自古以來都是車馬避讓城池，哪有城池躲避車馬的道理呢？」

　　孔子又問：「城池在哪呢？」

　　那個孩子說：「就在您的腳下。」

　　孔子下車查看，發現那個孩子站在一個用石子和泥土擺成的土圈的「城池」裡面。孔子感到非常驚奇，就問那孩子的名字，那孩子說他的名字叫項橐。

孔子與弟子周遊列國塑像

孔子上下打量了項橐，他想這地方的人果真聰慧，連小孩都如此伶俐，只不過有些恃才傲慢罷了，他就想出了一連串問題。

孔子問項橐：「你的口才很厲害，但是我想考考你。什麼山上沒有石頭？什麼水裡沒有魚兒？什麼門沒有門閂？什麼車沒有輪子？什麼牛不生犢兒？什麼天太長？什麼樹沒有樹枝？什麼城裡沒有官員？什麼人沒有別名？」

孔子問完，笑笑著地看著項橐。項橐想了想說：「您聽著。土山上沒有石頭，井水中沒有魚兒，無門扇的門沒有門閂，用人抬的轎子沒有輪子，泥牛不生犢兒，木馬不產駒兒，砍刀上沒有環，螢火蟲的火沒有煙，神仙沒有妻子，仙女沒有丈夫，冬天白日裡短，夏天白日里長，枯死的樹木沒有樹枝，空城裡沒有官員，小孩子沒有別名。」

孔子大驚，這孩子竟智慧過人！

項橐這時不容孔子多想，反問孔子說：「現在輪到我考您了。鵝和鴨為什麼能浮在水面上呢？」

「因為鴨子有毛，可以浮於水面之上啊！」

項橐接著問：「可是葫蘆沒毛，為什麼也能浮在水面上呢？」

孔子又答：「因為葫蘆是圓形的，裡面又是空心的，所以能浮而不沉。」

項橐又說：「鐘也是圓形，裡面也是空的，為何不能浮著呢？」

孔子無言以對，但是項橐又接二連三地發問：「鴻雁和仙鶴為什麼善於鳴叫？松柏為什麼冬夏常青？」

孔子答道：「鴻雁和仙鶴善於鳴叫，是因為牠們的脖子長。松柏冬夏常青，是因為它們的樹心堅實。」

「不對！」項橐大聲說，「青蛙也善於鳴叫，難道是因為牠們的脖子長嗎？胡竹也是冬夏常青，難道是因為它們的莖心堅實嗎？」

孔子覺得這孩子知識淵博，連自己也辯不過他，想到自己本來還想為當地人傳播學識，就覺得十分慚愧，於是便打消了東遊的念頭，不再前進了。

這就是孔子東遊太行關的故事。後來，這村子裡還有回車轍、石碑和孔廟等。

公元前二六〇年，秦趙兩國在韓國的長平地區進行決戰，秦昭襄王親自來到河內郡的野王督戰增援，並賜給所有的郡民爵位一級，徵募十五歲以上男子，通過太行陘的丹河谷地帶調往長平前線。

公元前二〇四年，在楚漢戰爭時期，漢高祖劉邦接受了謀士酈食其的建議，「據敖倉之粟，塞成皋之險，杜太行之道」，在太行陘及丹河谷地增派重兵。後人把劉邦當年屯兵城池稱為漢高城，以作紀念。

楚漢戰爭蠟像

隋煬帝銅雕壁畫

公元前二十三年秋天至公元二十五年的時候，東漢開國大將馮異北攻天井關，並占領了此關。東漢將軍王梁任野王，曾派往鎮守天井關。

後來，天井關為更始帝王莽部將田邑所占據，漢光武劉秀派部將劉延攻打天井關，久攻不下，直至王莽死後，田邑才獻關請降。

在公元五三〇年，北魏孝文帝斬了大將爾朱榮，爾朱榮的兒子爾朱世引兵進犯洛陽，沒有攻下洛陽，又向北直奔潞州，直至建州，也就是後來的澤州，先攻破了天井關，建州於是宣告淪陷。

隋煬帝楊廣在公元六〇七年五月，由洛陽出發，在儀仗、車隊等大量隨行人員簇擁下，經太行陘，北巡突厥牙帳。兩個月後，煬帝返回南下，途經濟源回到洛陽。

根據中國第一部編年體通史《資治通鑑》的記載，「帝上太行，開直道九十里，九月，至濟源。」

《資治通鑑》簡稱「通鑑」，是北宋司馬光主編的一部多卷本編年體史書，共兩百九十四卷，歷時十九年告成。它以時間為綱，事件為目，從公元前四〇三年寫起，至公元九五九年征淮南停筆，涵蓋十六朝一千三百六十二年的歷史。《資治通鑑》是中國第一部編年體通史，在中國官修史書中占有極重要的地位。

唐玄宗李隆基在公元七二三年的正月從東都洛陽出發，經太行陘北上，巡幸潞州、並州，在星軺驛寫下了《早登太行山中言志》一詩。同年冬十月，玄宗皇帝再次沿前次路線北巡。

公元八四三年的時候，昭義節度使劉從諫病卒。唐代右驍衛將軍劉從素的兒子劉積，也就是劉從諫的侄子，早期為牙內都知兵馬使，他採用了昭義兵馬使郭誼的建議，祕不發喪，自領軍務，拒絕聽從朝廷調遣，並占據澤州和潞州。

公元九〇八年三月，梁太祖朱全忠由都城河南開封出發，經太行道天井關前往澤州，安撫督導與晉王交戰的將士。四月，朱全忠經星軺驛順原路又返回大梁。

公元九六〇年四月，宋太祖趙匡胤北上太行討伐原後周昭義節度使李筠叛亂。在常平和碗子城，因道路險窄，宋太祖親自下馬負石，帶領全體將士鋪平山道，然後北上星軺驛、天井關並抵達澤州。

在公元一一二六年的時候，天井關改稱「雄定關」，至元代末年，又改稱叫「平陽關」。關內的羊腸坂道十分險要，又稱「丹道」、「丹徑」或「太行坂道」。

【閱讀連結】

太行山本來在冀州的南邊，但是一位住在附近的叫愚公的老人因為覺得太行山阻礙了自己的出行，就對家人說：「我跟你們盡全力剷除險峻的大山，可以嗎？」

大家紛紛表示贊成。

於是，愚公率領子孫中的三個人上了山，鑿石開墾土地，用箕畚裝土石運到渤海的邊上。有人譏諷他愚笨，愚公卻說：「即使我死了，我有兒子在，兒子又生孫子，子子孫孫沒有窮盡，然而山卻不會增加高度，何愁挖不平？」

山神聽說了這件事，就稟告了天帝。天帝被他的誠心所感動，命令大力神夸娥氏的兩個兒子背負著兩座山，一座放在朔東，一座放在雍南。從此，太行山就在朔東了。

▊太行關見證千古名句

自古以來，許多文人騷客都經天井關，並留下了詩詞名篇。西漢時期的著名經學家和數學家劉歆曾作了中國文學史上第一篇紀實性紀行賦叫《遂初賦》，其中描述太行關：

曹操雕塑

馳太行之嚴防兮，入天井之喬關。

歷岡岑以升降兮，馬龍騰以超攄。

無雙駟以優遊兮，濟黎侯之舊居。

心滌盪以慕遠兮，回高都而北征。

公元二〇六年，曹操率兵親征高幹，途中經過太行山著名的羊腸坂道，寫下了漢樂府詩《苦寒行》，其格調古直悲涼，迴蕩著一股沉鬱之氣。詩寫道：

北上太行山，艱哉何巍巍！

羊腸坂詰屈，車輪為之摧。

樹木何蕭瑟，北風聲正悲。

熊羆對我蹲，虎豹夾路啼。

溪谷少人民，雪落何霏霏！

延頸長嘆息，遠行多所懷。

詩的大意是：向北登上太行山，多艱難呀，這山勢多麼的高聳。山坡上的羊腸小道彎曲不平，車輪都因此而摧毀。樹木蕭條冷清，北風傳來悲傷的聲音。

大熊盤踞在我們的前方，虎豹在路的兩旁咆哮著。山谷中少有人居住，而且正下著大雪。伸長脖子眺望時，不禁深深嘆氣，這次遠征，內心感觸很多。

詩以「艱哉何巍巍」總領全篇，透過征途所見突出一個「艱」字。「樹木何蕭瑟，北

太行山上的羊腸坂道

風聲正悲」兩句為全詩奠定了蕭瑟悲涼的基調，使詩籠罩在一片淒哀險惡的氣氛中。

這首詩感情真摯，直抒胸臆，毫不矯情作態。曹操在詩中用質樸無華的筆觸描述了委曲如腸的坂道、風雪交加的征途和食宿無依的困境。

對於艱難的軍旅生活所引起的厭倦思鄉情緒，曹操也做了如實記錄。更感人的是，儘管作為東漢晚期的軍事統帥，曹操在詩裡卻沒有強做英豪之態，而是赤裸裸地寫出了當時在那種環境下的內心波動，直露的筆觸把自己的內心世界呈現了出來。

整首詩寫出了詩人同情長期征戰的戰士，渴望戰爭結束、實現統一的心情，整個詩歌瀰漫著悲涼之氣，抒情真摯感人。後來，盛唐時代的帝王唐玄宗李隆基也曾為太行關作詩，名為《基早登太行山中言志》：

清蹕度河陽，凝旆上太行。

火龍明鳥道，鐵騎繞羊腸。

白霧埋陰壑，丹霞助曉光。

澗泉含宿凍，山木帶餘霜。

野老茅為屋，樵人薜作裳。

宣風問者艾，敦俗勸耕桑。

涼德慚先哲，徽猷慕昔皇。

不因今展義，何以冒垂堂。

儀仗隊鳴鑼開道，禁衛軍神色威嚴，燈火成龍地行進在羊腸鳥道上，真龍天子端坐大轎之中，渡河陽、上太行。

清晨的白霧緩緩升騰在太行山的山谷溝壑之間，天邊的朝霞伴著陽光一同出現在天邊，絢爛美麗。山間中的清泉還未從寒夜中完全解凍，山上的草木還有未融的餘霜。

　　唐玄宗即李隆基，也稱「唐明皇」。於公元七一二年至七五六年在位。他重視地方官的選拔，曾親自考核縣令，把不稱職的人斥退，任用姚崇、宋璟等賢相，勵精圖治，因此社會安定，生產發展，經濟繁榮，唐代進入全盛時期，史稱「開元盛世」。

　　老人們住的是茅草屋，打柴人穿的是麻布粗衣，老輩人傳播好的風尚，催促後人以農桑為本，樹立淳厚風俗。我要仿效先皇的賢明盛德，若不是為了宣撫百姓，伸張正義，我何苦到這艱險的大山上來呢？

這是一首排律，它採用四句一轉的方式，開頭四句描寫皇帝出行的威嚴，並且設問說，堂堂大唐皇帝為什麼不在宮中安享清福，而一大清早便上太行山呢？

下面四句則描寫太行山的清晨美景，「野老」四句進一步描寫山鄉民俗民風。最後四句抒懷言志，從而回答了開篇時的疑問。這樣，起承轉合，層層遞進，格律嚴謹，讀來朗朗上口，頗有氣勢。

在經歷過盛唐後幾百年的金代，既是著名文學家，又是詩人的金代學者元好問也同樣對太行關發出了感慨，他作詩《天井關》寫道：

元好問塑像

石磴盤盤積如鐵，牛領成創馬蹄穴。

老天與世不相關，玄聖棲棲此回轍。

二十年前走大梁，當時塵土困名場。

山頭千尺枯松樹，又見單車下太行。

自笑道塗頭白了，依然直北有羊腸。

明代著名賢臣于謙，他為官廉潔、性情剛直，曾平反冤獄，救災賑荒，深受百姓愛戴。他在公元一四二一年的時候考中進士，公元一四三〇年擔任監察御史，因才華出眾，調任兵部右侍郎巡撫河南，總督稅糧，在任十九年。

于謙可謂文武兼備，抱有遠大的志向，正如他的字「廷益」那樣，有益於朝廷和百姓。他任河南、山西巡撫期間，往來於河南、山西，太行陘、白陘，這幾個地方都是他常常經過的道路。

于謙曾多次飽覽太行山的雄姿景色，體會到了高山的深沉底蘊、無窮力量和崎嶇難行，飽覽太行山雄姿。因此有感而發作詩《夏日過太行》寫道：

信馬行行過太行，一川野色共蒼茫。

雲蒸雨氣千峰暗，樹帶溪聲五月涼。

世事無端成蝶夢，長途隨處轉羊腸。

解鞍磐磚星軺驛，卻上高樓望故鄉。

雲霧繚繞的太行山

戰馬不停地行走在太行山中寂靜的小路上，整個山谷包括花草，都被蒼茫的、灰濛蒙的暑氣籠罩著。

　　雲中好像吸附了許多水氣，天空變得陰暗，無數的山峰也顯得灰暗下來，樹枝搖擺著、樹葉晃動著並發出「嘩啦、嘩啦」的聲音，像是溪水流動的聲音。已經是五月，但在太行山中卻滿是涼意。

　　經歷的世事像是亦真亦幻的夢境，又像是莊周夢蝶一樣，使人茫然分不清楚。路途很長，多是高高下下、轉彎抹角的羊腸道，似乎迷失在了途中，又似乎永遠望不到盡頭。

于謙雕像

　　停下馬來在邲鄉氣派壯觀的驛站休息，登上高樓眺望著心中思念的故鄉的方向。自己常年在外地為官，為國事操心、為百姓解難，很少有機會回家探望，早已不知故鄉的親人狀況怎麼樣。

「信馬行行過太行，一川野色共蒼茫。」于謙開門見山地繪出了一幅圖畫，蒼茫、炎熱的夏季天氣裡，太行山的大谷深溝邊，一行人馬在趕路，這樣空蕩惆悵的情懷似乎也感染了山中的一切生命。

炎熱的天氣環境，蒼茫涼爽的太行山中，看不穿亦喜亦悲的世事，反映出于謙心中的些許迷茫。由景色的蒼茫、迷離，引申到人內心的迷茫、困惑。

太行山風光

詩中提到的「莊周夢蝶」的故事，因其深刻的意蘊、浪漫的情懷和開闊的審美想像空間而備受後世文人喜愛，同時也成為于謙藉以表達離愁別緒、人生慨嘆、思鄉憂國、恬淡閒適等多種人生感悟和體驗的一個重要意象。

于謙的這首《夏日過太行》詩作樸實貼切、生動形象、由景及情、有感而發，沒有無病呻吟之狀，堪稱佳品。

【閱讀連結】

太行陘的形成，促進了沿線居民經商觀念的形成、商品轉運業的發達、大批城鎮的崛起，繁榮興起了覃懷與澤潞商業文明，為兩地創造出領先於鄰近區域的古代文明奠定了基礎。

　　至明清時期，太行道連通的懷河南沁陽、博愛等地的萬善鎮、邢邰鎮、許良鎮以及澤州地區鳳台縣、大陽、陽城等地已「店鋪櫛比，煙火萬家」，成為當地工商貿易中心。

引人入勝的神話傳說

■ 玉帝塑像

　　傳說，玉皇大帝的妹妹因為羨慕人間的恩愛生活，她偷偷下凡來到人間，結識了一位姓楊的書生，並與之結為了夫妻。

　　玉帝的妹妹為楊書生先後生下了三個孩子，老大是個男孩，叫楊昭，老二也是男孩，被稱為二郎楊戩。最小的孩子是個女兒，名叫楊蓮，也就是華山三聖母。

　　根據中國四大古典名著之一《西遊記》的記載，二郎楊戩是：

　　儀容清俊貌堂堂，兩耳垂肩目有光。頭戴三山飛鳳帽，身穿一領淡鵝黃。鍍金靴襯盤龍襪，玉帶團花八寶妝。腰挎彈弓新月樣，手執三尖兩刃槍。

二郎神楊戩塑像

玉皇大帝知道妹妹私自下凡後，十分震怒，便將妹妹壓在了太行山附近的桃山之下受苦。楊戩自幼便本領不凡，為了救出母親，更是苦學本領。

因此，早在楊戩十七歲的時候就已經是勇不可當，曾經在二郎山中幹掉了八個危害人間的妖怪，是個頂天立地的戰神。

在楊戩自認已經有了足夠的力量去救母親時，他就帶著一把開山斧力劈桃山，救出了被壓在山下受難的母親。母子相逢自是歡喜無限，但不幸的是，楊戩的母親因為在山下壓得太久，十多年不見陽光，身上已經長滿了白毛。

於是，二郎就將母親放在山上晒太陽。

這時，玉帝聽說二郎把壓著妹妹的山劈開了，十分惱怒，為了消除自己恥辱，他便放出九個太陽上天，將楊戩的母親晒得化成煙消失了。

二郎非常悲痛，氣得要捉住那九個太陽。他衝到天上，先用兩隻手分別捉住兩個太陽，因為無處擱放，就分別掀起兩座大山將捉住的太陽壓住了。

太行山

剩下的七個太陽在天上亂竄，楊戩為了能將它們都壓在山下，就用了一副扁擔擔了七座大山，然後繼續追趕太陽。楊戩在成功捉住六個太陽並將它們壓好後，只剩下最後一個太陽在飛跑了。

筋疲力盡的楊戩一直將它追進了東海裡，卻因為體力不支在海邊暈倒了，被東海龍王的三公主救下。之後他們就結成了美滿良緣，人間也就留有一個太陽來普照萬物了。

雖然成功地捉住了大多數太陽，為母親報了仇，但是楊戩依舊對自己舅舅玉皇大帝的行為耿耿於懷。玉帝也自知理虧，便封他為「英烈昭惠顯靈仁佑王」，道號「清源妙道真君」。

還有一個故事，傳說在太行山腳下的一個村子裡，生長著大片大片的野生玫瑰，年年開花，生生不息。每逢春夏，漫山遍野，花香四溢，蜂蝶群舞，非常好看。村子裡的人們都說，是玫瑰仙子給他們帶來了福氣。

據說，當年武則天當上女皇以後，僅統治人間還不滿足，她還想統治天地萬物。

有一天，武則天突發奇想，傳旨要百花在某日辰時開放。當時正值隆冬季節，北風呼號，雪花飄飄。聖旨一到，百花仙子個個面露難色，不知如何是好，唯有牡丹仙子拒絕受命。

第二天辰時，就是武則天指定的開花時辰。眼見時辰馬上就要到了，平日裡和牡丹仙子最要好的玫瑰仙子相勸說：「武則天雖為人君，但天意難違，還是從命吧！」但是，牡丹仙子仍不從命。相勸中，不知不覺過了半個時辰。

武則天遊園塑像

女皇武則天率群臣前來觀看，見百花相繼開放，非常滿意。但她細看之時，卻發現百花叢中仍有兩種花未開，不禁有些惱火。身邊的侍女告訴她，這兩朵花是牡丹和玫瑰。

太行山黑龍潭

　　武則天大怒，傳詔將牡丹連根拔起，煙燻火燒，逐出京城，發配洛陽。她本想把玫瑰仙子一同發落，但又一想，自己養容駐顏要用玫瑰泡茶，每日洗浴要用玫瑰泡澡，隨身衣物要用玫瑰薰香，便又傳一旨：玫瑰仙子未按時辰開花，鞭打二十下。

　　玫瑰仙子被打得遍體鱗傷，但她見牡丹仙子被折磨得奄奄一息，就不顧自己渾身傷痛，執意要護送牡丹仙子去洛陽。洛陽人早已知道牡丹仙子一身傲骨，爭相用紙包了牡丹根莖回去栽種。玫瑰仙子見人們這樣喜歡牡丹仙子，便放心地告辭了。

　　在返回京城的途中，玫瑰仙子俯首向大地望去，見太行山鬱鬱蔥蔥，山腳下有一村落炊煙裊裊，阡陌縱橫。她心想，我私自外出，已犯天條，回去必定受難，不如在此生根，為百姓造福。於是，玫瑰仙子就在村旁生出了一叢叢的玫瑰，當地村民用玫瑰花當茶飲，養容駐顏。由於是私藏民間，玫瑰仙子雖花香色豔卻不敢聲張，只是默默無聞地為一方百姓奉獻著自己。

在中國神話傳說中，所有的神仙都要服從玉皇大帝和王母娘娘的掌管。天條就是玉皇大帝和王母娘娘為了維護天庭的秩序而定下的規矩教條，違反天條的神仙也會受到相應的懲罰。

還有一個與黑龍潭有關的傳說，是古澤州八景之一的「龍潭夜雨」之所在，潭邊石崖上有「古龍泉」、「龍潭驟雨」、「神龍致雨」等古石刻多處，被古人稱為「八景第一靈蹟」。

相傳潭中有一黑龍行雲布雨，又因附近山上生長著一種黑色小蛇，故名「黑龍潭」。

傳說黑龍潭的龍王十分靈驗。過去天旱時，晉城十里八村的百姓都到這裡祈雨，千求千應，百求百靈。當地人為感謝龍王施雨之恩，每年農曆五月十三至十五都會在牛山村唱三天「官戲」敬謝龍王。

傳說很久以前，有一老年夫妻一直未曾生育。

一年，老夫人突然懷孕生下一子。因為那個男孩膚色很黑，就起名叫黑孩。黑孩尚未成年，老夫妻就逝世了，黑孩只好投靠了舅舅。

有一年，黑孩的舅舅種了二畝高粱，讓黑孩去鋤草，黑孩竟把滿地的高粱都鋤光了，只在地中央留下了一棵高粱。舅母知道後非常生氣，舅舅也很驚訝。但黑孩卻說，別看只一棵，秋後收穫不少的。

黑龍潭瀑布

每逢天旱時，村裡人們的莊稼都得不到澆灌，黑孩卻每次都到井口邊向井裡看。奇怪的是，每當黑孩看過井，不一會就會有烏雲飄過來下雨。

到了秋天，黑孩種下的高粱長得像棵大樹，黑孩爬在高粱樹上砍高粱，舅舅在高粱樹下打高粱，打下的高粱裝滿了舅舅家的房子。

有一天，黑孩對舅舅說：「我要走了，以後有事就到牛山東北的水潭找我吧！」

過了幾年，天又大旱，人們都說牛山村東北的黑龍潭如何如何靈驗，舅舅猛然想起了外甥臨走時說的話，才知道黑龍潭的龍王原來就是自己的外甥黑孩。

【閱讀連結】

太行山上原有一座小廟，廟裡有一大一小兩個和尚和一頭毛驢。毛驢給和尚拉碾拉磨，小和尚天天給毛驢割草。

有一天，小和尚發現一塊中間有凹槽的神奇的石頭，從那塊石頭附近長出的草，無論怎麼割也割不完。小和尚趕忙回去告訴了寺中的方丈，兩個合力把石頭帶回寺中。

後來，這塊神奇的石頭消失了，當地人就把當年小和尚割草的地方稱為「食草溝」。

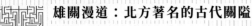

四鎮咽喉陝西潼關

潼關位於陝西渭南，北臨黃河，南踞山腰，與崤函古道東口的函谷關遙遙相對，守衛著這條古道要津的西口。潼關設於東漢晚期，當時關城建在黃土塬上，隋代南移數公里，唐代武則天時期又北遷塬下，形成後來的潼關城舊址。

潼關地處黃河渡口，位居晉、陝、豫三省的交集點，是漢代末期以來東入中原和西出關中、西域的必經之地及關防要隘，歷來為兵家必爭之地，素有「畿內首險」、「四鎮咽喉」、「百二重關」之譽。

▌歷代遷移的潼關城

潼關城作為戍守要地，先後有三個關城，即東漢上時期、隋唐時期及其以後的潼關城。

■ 酈道元畫像

東漢時期作為守備要塞的潼關城，最早建於東漢晚期，建城的具體年代雖已無考，但是在公元二一一年的時候，有古籍記載「超等屯潼關」，便有了潼關之稱，此後為世人所稱。

關於東漢潼關城的具體位置，根據《水經注》的記載：

河水自潼關東北流，水側有長坂，謂之黃巷坂，傍絕澗涉此坂以升潼關，所謂溯黃巷以濟潼關也。

《水經注》的作者酈道元看到的潼關城，必然就是東漢時期的潼關城。按照酈道元的說法，自函谷關東來的大道到潼關城東，由於黃河緊切塬下，河邊無路可通，只好經過一個黃土巷坡漫上，才能到潼關城，可見這個關城位於高埠之上。

《水經注》是古代較完整的一部以記載河道水系為主的綜合性地理著作，由北魏時酈道元所著，全書三十多萬字，詳細介紹了中國境內一千多條河流

以及與這些河流相關的郡縣、城市、物產、風俗、傳說、歷史等。《水經注》
文筆雄健俊美，既是古代地理名著，又是優秀的文學作品。

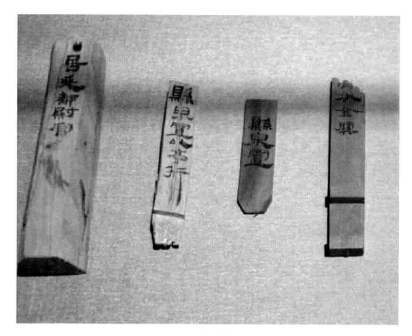

西漢關檢

後來清代向準所修《續潼關縣志》記載：

潼關古城在上南門外塬上……今其遺址尚存。

向準所說的上南門是潼關東南半塬上的南門。潼關縣南遷至吳村後，原
潼關縣城後來改稱為港口。

後來東漢時期的潼關城只有南牆和北牆，根本沒有東牆和西牆，但是，
沒人知道為什麼。

後經過考察認為，潼關城東臨原望溝，西臨禁溝及潼谷，兩溝深塹壁立，
可見東漢潼關城的東西兩側以深塹為牆，所以就沒有築東、西兩面城牆。由
於水土流失，城牆兩端局部崩塌於溝內，從兩端可見崩塌的殘跡。

留在地面的潼關城的北城牆在陶家莊的北側，其東西長約一公里，高約七公尺，黃土板築，城門約略偏東，與港口潼關老城的上南門南北對峙。

南城牆在楊家莊的南側，城根的北側，與原望溝和禁溝之間的古道交叉。這裡的古道即東漢時期長洛大道必經之道，從而可控制長洛大道。

後來的南城牆在城根村的西北和原望溝的溝邊仍殘留部分城牆，其形態與北牆相同。南牆和北牆南北相距約十五公里，由此可見潼關城也是很大的。

■陝西漢中石門棧道

後來，潼關城在隋代有過一次遷移，據唐代杜佑編撰的中國歷史上第一部體例完備的政書《通典》記載：

隋煬帝：大業七年移於南北鎮城間，坑獸檻谷置。

陝西漢中石門棧道

　　大業七年，也就是公元六一一年。《通典》的作者杜佑說，隋朝時所移
的潼關城在「坑獸檻谷」。

　　《通典》是古代歷史上第一部體例完備的政書，由唐代杜佑撰寫，共有
兩百卷。《通典》記述了唐代天寶年間以前歷代的經濟、政治、禮法、兵刑
等典章制度及地志、民族的專書。《通典》內分九門，子目一千五百餘條，
約一百九十萬字。

　　根據後來清代向準的《續潼關縣志》的說法，坑獸檻谷的位置是：「在
城南四里，南北鎮城間，隋大業七年，徙潼關於南北鎮城間即此。」向準說
的「在城南四里」，是指在後來的潼關港口鄉南兩公里。

又據後來清代饒應祺所修的《同州府續志》記載：「中咀坡古為連城關，隋大業七年所遷關城也。」這裡說的連城關就是南北鎮城。

清代末期的潼關人趙鵬超所修的《潼關縣新志》記載，隋「大業七年，徙南北連城關，去今地四里」。趙鵬超說的「去今地四里」，也在潼關港口鄉南兩公里。

根據《潼關縣新志》記載：「隋大業七年遷關城於禁溝口。」禁溝口就在中咀坡下方。

由於以上資料講的都是同一地址，可見隋代潼關城只有一個地址，因為東漢時期潼關城以南地勢平坦開闊，沒有設關的條件，因而，隋城不可能向南遷移。

■石門古棧道

在港口南兩公里的中咀坡下，是潼水與禁溝的匯合口，也是一片谷地，它位於東漢時期潼關城南城牆的西南坡下，長洛大道從漢潼關城西行時必經這裡。

潼關城設在這裡既可以有效地控制長洛大道，又可控制禁溝和潼水南北通道，避免了東漢時期潼關城不能控制南北的弊病，這也是隋代遷移潼關城的原因之所在。

隋代潼關城地處禁溝和潼水河谷交匯之處，又處交通要道，所以城牆後來沒有得到保存。

隋城遺址內僅有烽火台一座，在隋城南側中咀坡塬頭上有一高大烽火台清晰可見。這個台居高臨下，可能是隋代潼關城軍事要塞的訊號台。

後來，潼關城至唐代有過一次遷移，這次遷移是在公元六九一年時進行的。在公元六九一的時候，黃河南岸與塬之間可以東西通行，長洛大道沿河邊行進更為方便，所以不再繞道塬上。

為了控制大道，因此，武則天下令將潼關城北移到黃河岸邊。《元和郡縣志》中記載唐代潼關城時說：「關西一里有潼水。」

這就是說，唐代潼關城的西門距潼水五百公尺，北牆緊挨黃河岸邊，南牆應在南塬半坡，東門應是原望溝口東側的黃巷坡內的金陡關。這樣，唐代潼關城既可控制東西大道，又可控制繞道原上的古道。

唐代潼關城設立後，隋城的防衛作用仍然存在，唐代末期黃巢起義軍進攻潼關時，唐軍忘守禁溝，義軍踏破禁溝，進而攻破潼關城。

而唐代以後的宋、元、明、清時期的潼關城，其位置沒有多大變化，都是在唐代潼關城的基礎上維修、拓展和加固的。

後來殘留在港口的城郭是明代所修，該城的西門緊靠黃河，北牆立於黃河岸邊，東門接近原望溝口，南牆蜿蜒於南塬半腰，潼水穿城而過注入黃河。

這個關城既可控制長洛大道，又可控制南北通道，比東漢時期的潼關城和隋代的潼關城更為適用。

【閱讀連結】

當年，三國時期軍事家曹操命令曹洪和徐晃在潼關作戰，並說：「你們兩人先帶一萬人馬守住潼關。如十天內失掉了潼關，就按軍法處決你們。」

曹洪、徐晃到了潼關，並不出戰。西涼將軍馬超領兵來到關下痛罵曹操三代人，激怒了曹洪。曹洪想出戰，卻被徐晃勸住了。到了第九天，西涼軍故意裝出懈怠的樣子，誘使曹洪和徐晃中了圈套，被打得措手不及。

曹洪丟失了潼關，奔來拜見曹操。曹操說：「給你十天期限，為什麼九天就丟了潼關？」

曹操大怒，親自率軍直逼潼關，但仍然戰敗了。後人有詩說：潼關戰敗望風逃，孟德倉惶脫錦袍。劍割髭髯應喪膽，馬超聲價蓋天高。

天塹天成的潼關要塞

那是東漢末期，魏王曹操為了預防陝西、甘肅方面的兵亂，便在南依秦嶺、北臨黃河的狹窄地帶，築起了「一夫當關、萬夫莫開」的關城，並同時廢棄了東邊的函谷關。

■馬超渭水敗曹操圖畫

由於潼關所處的咽喉要衝地位，曹操與蜀漢驃騎將軍馬超激戰潼關，曹操以沙築牆用水澆灌，一夜之間就凍成了冰牆，馬超進而不得只好西走。

馬超墓

在潼關，冷兵器的撞擊、亡靈的哀號，鼓角爭鳴、烽火狼煙，這裡凝聚了太多太多的故事。

潼關始建於東漢末期，歷史悠久，聞名遐邇。由於黃河水在關內南流潼激關山，所以叫「潼關」。

古潼關是中國著名的十大名關之一，歷史文化源遠流長。馬超刺槐、十二連城、仰韶文化遺址等名勝古蹟星羅棋布，風陵曉渡、譙樓晚照、秦嶺雲屏等潼關八景，十分引人入勝。

作為兵家自古必爭之地的潼關，地形非常險要，南有秦嶺，東南有禁谷，谷南又有十二連城。北有渭、洛二川會黃河抱關而下，西近華嶽。

潼關的周圍山連山，峰連峰，谷深崖絕，山高路狹，中間通一條狹窄的羊腸小道，往來的空間只夠容納一車一馬。

過去的人們常以「細路險與猿猴爭」、「人間路止潼關險」來比擬這裡地形的重要。

唐代著名詩人杜甫遊覽潼關後也有詩句說道：

丈人視要處，狹窄容單車，艱難奮長，萬古用一夫。

潼關要塞的險要構成，潼關城是其要隘，加之黃巷坂、禁溝和十二連城、秦嶺、黃河等，構成了一個立體戍守的要塞。

　　黃巷坂處於潼關城東，自函谷關東來的大道必須經過黃巷坂，別無他道可尋。

　　黃巷坂的南側緊臨高原，懸崖陡壁，北側夾河之間有一高岸隆起，這就形成了南依高原、北臨絕澗、中通一徑的孤道，這個孤道「邃岸天高，空谷幽深，澗道之峽，車不方軌」。

　　在車不方軌的谷道裡，士兵們難以行動，所以，黃巷坂成為潼關要塞的第一個天然屏障。自唐代潼關城移至黃河岸邊後，它的東門就設在黃巷坂內，所設的「金陡關」是潼關城的第一門，又稱「潼關第一關」。

絲綢之路烽火台遺址

由於黃巷坂地處原望溝入黃河口的東側，當地人稱黃巷坂為「五里岸門坡」，可見黃巷坡坂有二點五公里長。

其實原來的黃巷坂還會更長一些，但是由於黃河向南切蝕，黃巷坂北側的高岸崩塌於黃河之中，至後來，能看到的黃巷坂也就僅有數百公尺長了。

潼關守備，離不開禁溝，禁溝也稱「禁谷」，「谷勢壁立，望者禁足」，深達數百公尺，是十分難以踰越的天塹。禁溝南北橫斷潼關塬區，成為天然屏障，自潼關城南直通秦嶺，可與武關連通。

像禁溝這樣的南北大溝向西有潼谷等數條，由於這些南北溝道橫斷潼關塬區，所以，古來潼關塬無東西大道可通。但是，翻越這些溝道，仍然可以進入關中。

禁溝與潼關城地處南北一線，戍守潼關，就要防守禁溝。防守禁溝的具體情形，古籍記載：

　　故守關而不守禁溝者，守猶弗守也，守禁溝不建十二連城者，守猶未善也。是由一室之內，杜門塞竇，以防鳥雀之入，而忘閉其牖也，是以關於敵也，非所以固吾圉也。

　　後世之守關者，察地理之形勢，課封疆之萬全，周歷山川，曠覽古今，鑑觀成敗，其於建連城以控禁溝，控禁溝以固關。

　　這段資料就是禁溝和十二連城位置、作用的真實寫照。由此可見，禁溝天塹和十二連城是潼關要塞的天然屏障之一。唐代在禁溝西沿設置十二連城，唐代還設禁谷關，足見禁溝防禦體系的形成。

　　後來的禁溝雖然因為長期的雨水沖刷而谷岸崩塌了，但仍然是懸崖絕壁，難以翻越。十二連城的城牆後來都沒有保存下來，但城內都有一個夯土台。

陝西秦嶺界碑

　　夯土台每個底邊長約一公里，寬十一公尺，高七百一十六公尺，黃土板築，層面清晰可見，有通到台頂的台階。土台既是連城的瞭望哨，又是烽火台。這些土台大部分得到了保存，只有少數崩塌於禁溝內。

隋代建築用磚

　　在十二連城的中部有一自然村，名稱「中軍帳」。這就是《潼關志》所說的「中城」。在這個村的東南側有一個較小的土台，而在村的西北角有一個高大的烽火台。這個中軍帳村就是古代指揮中心。

　　每當十二連城中的士兵發現敵情，就會在城內土台點燃烽火，通報中軍帳，再由中軍帳點燃烽火通報潼關城，這就造成了防衛作用。

　　十二連城是由十二座城連接而成的古城，位於鄂爾多斯高原東部，準格爾旗北端的黃河南岸。十二連城地處策略要點，可北憑黃河天險，控制蒙古草原，南臨中原大地，進退兩易。

　　秦嶺是潼關要塞的天然屏障，但是禁溝、潼谷等都直通秦嶺，由此可翻越秦嶺。

　　為了防止軍事行動穿越秦嶺，進而攻破潼關，所以古人在秦嶺北麓潼關地界，自東而西設置了西峪關、善車關、蒿岔峪關、潼谷關、水門關等關塞。

　　這些關塞均有駐軍把守，成為潼關城的南部前沿哨卡，和潼關要塞渾然一體。所以，潼關城既有秦嶺這個天然屏障，又有關塞防衛，這就保證了潼關要塞的南部安全。

　　黃河出秦晉峽谷南流到潼關北，折轉而東。在這裡，洛水、渭河會黃河「抱關而下」，黃河緊切潼關城下流過，形成天塹，無途可通，也隔斷了北來之路，在潼關城北側形成自然防衛帶，因而戍守潼關無需考慮城北安全，黃河天塹形成了天然屏障。

　　潼關城的守備是非常嚴密的，因為潼關城設在潼關塬頭上，長洛大道到原望溝，黃河邊無路可通，只好繞道塬上，通過東漢潼關城，從它的西側下到禁溝底部，再北行才能進入關內。

　　因而關閉潼關城門，就能橫斷長洛大道。而且城東是原望溝，所以，素有一夫當關，萬夫莫開之勢。

　　而隋代潼關城位於坑獸檻谷，東、南、西三面環山，北為潼河谷地。東來的長洛大道仍經過漢城，所以漢城成為隋城的第一道防線。

隋代碑文

　　出了漢城西行，經過一個只能容單車的狹窄坡形谷道，才能下到隋代潼
關城。

　　城東是懸崖絕壁，城南臨禁溝、潼谷出口，城西是高岸，所以隋代潼關
城也是山環水繞，天塹天成。

　　關閉隋代潼關城門能橫斷東西大道和南北通道，因而，也是一夫當關，
萬夫莫開之勢。

■ 隋代青石函

　　唐代及其以後的潼關城夾在黃河與塬之間，又處於黃河進入晉豫峽谷的
入口處，潼關城的東面，古代巨型歷史地理著作《讀史方輿紀要》記載：

　　河山之險迤邐相接；自此西望，川途曠然。

　　由此可見，潼關城的東側是峽谷地帶，易守難攻。東來的長洛大道和南
北通道都要進入潼關城，然後再出西門才能進入關內。

　　城東有黃巷坂，「車不得方軌，馬不得成列」。東門外黃河緊切門下，
攻關之勢難以形成。

【閱讀連結】

公元六四一年春天，唐太宗李世民從長安起身去泰山封禪，李世民的車隊到達洛陽時，一天夜晚，有彗星劃過天空，太宗以為這是不祥的預兆，馬上下達命令，停止去泰山封禪，留在東京洛陽，李世民在洛陽停留的時間比較長，從三月初至九月底才回駕長安。

李世民經過函谷關時，在皇帝的專車上，他命愛妃徐惠作詩一首，徐惠奉命只寫了一首《秋風函谷應詔》，第二天到達了潼關。在潼關，唐太宗有感而發寫下了氣勢磅礴的《入潼關》，表示對徐惠所寫《秋風函谷應詔》的應和。

▍雄奇壯觀的潼關十景

「潼關八景」包括雄關虎踞、禁溝龍湫、秦嶺雲屏、中條雪案、風陵曉渡、黃河春漲、譙樓晚照、道觀神鐘。

陝西秦嶺石刻

雄關虎踞，是指潼關故城東門的關樓。踞是蹲或坐的意思。虎踞，是指東門外麒麟山角形似一隻猛虎蹲在關口。

城牆上的建築

　　東門城樓北臨黃河，面依麒麟山角，東有遠望天塹，是從東面進關的唯一大門，峻險異常，大有「一夫當關，萬夫莫開」之勢。

　　關樓和巍峨的麒麟山，恰如一隻眈眈雄視的猛虎，守衛著陝西的東大門，它以威嚴雄險而著稱。

　　清代詩人淡文遠曾寫詩盛讚《雄關虎踞》說道：

　　秦山洪水一關橫，雄視中天障帝京。

　　但得一夫當關隘，丸泥莫漫覷嚴城。

　　詩的第一二兩句是說，秦嶺和黃河之間橫踞著一個潼關，它虎視中原保護長安。第三四兩句是說，只要派一員將守住東門，關隘指東門，什麼丸泥「東封函谷」，只不過是狂妄者的讕言。

　　東封函谷指的是東漢王元將軍曾誇口說用少數兵力就可東封函谷關，這只不過是對潼關的傲慢態度。

龍湫上有懸瀑，下有深潭。禁溝龍湫景緻在禁溝口石門關北面禁溝水與潼河相匯處，北距潼關故城約兩公里。

禁溝既長而且深，下有流水，水源出自秦嶺蒿岔峪，匯合沿途泉水流至溝口石門關。溝床突變，湍流直下，飛沫四濺。

溝水下落與潼河相溶，匯為深潭。碧波蕩漾，魚躍興波，綠樹成蔭，花香鳥語，頗有江南水鄉風韻。

明代詩人林雲翰詠《禁溝龍湫》寫道：

禁溝山下有靈源，一脈淵深透海門。

龍仰鏡天噓霧氣，魚穿石甃動苔痕。

四時霖雨資農望，千里風雲斡化雲。

乘興登臨懷勝蹟，載將春酒醉芳尊。

秦嶺風光

城牆上的建築

詩的第一二句是說，禁溝口有瀑布深潭，直通海門。形容潭深水碧看不見底。靈源，在這裡喻指龍湫水景。古人說道「水不在深，有龍遇靈」。

詩的第三四句是說，神龍仰望天空吐著霧氣。魚兒穿梭，觸動苔蘚。第五六句是說，一年四季霖雨滿足了農人的願望，千里風雲調和著大自然的變化。第七八句是說，乘著興致來此飽覽勝景，帶著春酒在芳草地上喝醉。

秦嶺雲屏，是說秦嶺雲霧繚繞的自然的風光像是潼關的屏風。

潼關南面的秦嶺峰巒起伏，蒼翠清新，每當雨雪前後，景象更為佳妙，峰巒中遊雲片片，若飄若定，似嵌似浮，來之突然，去之無蹤。一會兒若龍騰躍，一會兒若馬奔馳。

有時如絲如縷，有時鋪天蓋地，或如高山戴帽，或如素帶纏腰，或如綿團亂絲。千姿百態，變化無窮。迨旭日初露，錦幛乍開，五光十色，山為畫，畫為山，畫山融為一體。

清代著名詩人王士禎所著的《秦蜀驛程記》寫道：

河南連山，綿綿不絕……時見白雲逢逢，自半山出，惝恍無定姿，心目為之清曠。

清代詩人淡文遠寫《秦嶺雲屏》的詩稱讚說：

屏峙青山翠色新，晴嵐一帶橫斜曛。

尋幽遠出潼川上，幾處煙村鎖白雲。

詩的第一二句是說，彩雲像屏障一樣直豎著，秦嶺更加蒼翠清新，天氣放晴，雲氣如帶，橫抹著夕陽的彩霞。第三四句是說，尋求美景，不辭奔波，來到潼洛川上，但見村落煙霧縹緲，處在白雲之中。

秦嶺風光

中條雪案的中條指中條山，在其西面端與潼關隔黃河相望，明代時為蒲州所轄。中條雪案，指中條山清幽的雪景。

在當時，潼關是軍事重鎮，設防範圍北跨黃河，在蒲州境內築守禦城，設千總，管轄蒲州一些關津渡口。潼關故城處正是欣賞中條雪案的最好位置。

千總是古代的官職名，是正六品的武官，職權比較小。千總主要負責管理駐守在京師的各個兵營，清代增加了綠營兵編制，營以下為汛，也由千總負責，稱為「營千總」。主要負責為統率漕運軍隊，領運漕糧的稱為「衛千總」或「守禦所千總」。

秦嶺風光

大雪紛飛時的中條山銀裝素裹，銀為樹，玉作峰，粉塑欄杆，素裹山川。倘若雪後新晴，則銀光四射，瓊瑤失色，雲遊霧蕩，觀者恍惚置身於仙境之中。

淡文遠在《中條雪案》寫道：

迢遙北望俯群山，滿眼平鋪霜雪環。

疑是蓬萊山上石，移來一片拱岩關。

詩的第一二句是說，站在潼關城頭向北瞭望中條山，到處都被冰雪覆蓋。第三四句問道，是誰把蓬萊仙島上的瓊瑤白玉搬來了呢？

風陵曉渡中的風陵，是神話傳說中女媧氏之墓。位於潼關故城東門外黃河岸河灘。風陵處的渡口叫「風陵渡」。

潼關城地處黃、渭兩河交匯處，早在春秋時期，就是交通樞紐，水路要衝。在公元一七二八年，風陵流就有「官船十一艘，船伕八十四人」，還有私人和上下游經常過往客商船隻。

黃河上下，煙霧茫茫，桅燈閃爍。船隻南北橫馳，彩帆東西爭揚，側耳傾聽，「嘩嘩」的水聲，「吱吱」的櫓聲，高亢的號子聲，顧客的呼喊聲，鳥聲，鐘聲匯成一片。

明代詩人林雲翰在《黃河春漲》寫道：

冰泮黃河柳作煙，忽看新漲浩無邊。

飛濤洶湧警千里，捲浪瀰漫沸百川。

兩岸曉迷紅杏雨，一篙春棹白鷗天。

臨流會憶登仙事，好借星槎擬泛騫。

詩的第一二句是說，黃河冰解，兩岸綠柳如煙，忽然看見河水猛漲浩渺無邊。第三四句是說，洪流奔騰，一瀉千里，巨浪澎湃，百川匯流。

詩的第五六句是說，佇立岸邊醉迷著杏花時節的清晨春雨，揮篙驅舟遊蕩在白鷗群中。第七八句是說，撐船在黃河中隨波逐流，遐想著登仙之事，最好還是倣法張騫尋找源頭。

西安出土的商代龍文刀

《荊楚歲時記》說張騫乘坐筏子尋找黃河源頭，結果泛流到了天河，見到了織女和牛郎。

欄杆空處，紅霞道道如束。譙樓四周「歸鴻默默爭先集，落雁翩翩入望中」。

譙樓指的是古代建築在城門上的樓，樓上駐兵，用以瞭望，報警報時。譙樓晚照，指日落時候潼關譙樓的景緻。夕陽西下的時候，高大巍峨的譙樓中的雕柱鬥角，飛檐鉤心，光芒四射，譙樓暗亮分明，邊沿折光，五光十色。

■ 西安古城樓上的雲梯

清代詩人潘耀祖在《譙樓晚照》中寫道：

畫樓突兀映麒麟，鬥角鉤心滿眼春。

待得夕陽橫雁背，鼓聲初動少行人。

詩的第一二句是說，譙樓高聳同麒麟山交輝映，飛檐雕柱錯綜精密，光彩普照，滿眼爭春。第三四句是說等到夕陽橫照雁背之時，譙樓上響起戍鼓聲，街上的行人漸漸少了。

相傳在公元一五九〇年左右，潼關附近洪水泛濫，黃河洶湧澎湃，流有雌雄兩鐘，摩蕩有聲，雌鐘止於潼關，「出，扣拓陰晴」。而雄鐘則流於陝州。

公元一五九六年，這口奇異的雌鐘，被懸掛在麒麟山頂的鐘亭上。鐘亭周圍綠樹參天，白雲繚繞，晨昏扣之，鐘聲抑揚頓挫。「宮商遞變，律呂相生，聲揚遠聞」，清脆悅耳，山川生色。

西安古城第一門

潼關十景的雄奇壯觀和潼關一樣，流傳著許多傳奇。

【閱讀連結】

在潼關附近有一座高約百公尺，寬約數千畝的土山，名叫「東山」，就是傳說中的「女媧山」。傳說女媧雲遊曾經來到這裡，看到這裡風光秀美、土地肥沃，便產生了眷戀之意。

女媧寂寞之餘，望著滔滔的河水和兩岸的土地，她隨手挖起一把河邊的泥土，摻和著河水，按照自己的模樣捏出了一個個活蹦亂跳的小生靈。

日復一日，年復一年，女媧創造的千千萬萬個新生命匯聚在東山上下、黃河沿岸，使得整個黃河流域萬物復甦、生機盎然。為了防止水患，她帶著那些小生靈，來到了緊靠黃河南岸不遠處的一座樹木茂盛、遮天蔽日的小山上，依樹搭建了一座座棚庵作為宿居之地，這便是最初的人類部落。

鳳凰城關山西寧武關

寧武關遺址在今山西省寧武縣城，是古代三關鎮守總兵駐所所在地，關城始建於公元一四五〇年。寧武關關城雄踞於恆山餘脈的華蓋山之上，臨恢河，俯瞰東、西、南三面，周長兩千公尺，開東、西、南三門。

戰國時期，趙武靈王在樓煩的寧武置關以防匈奴，稱為樓煩關。後來的寧化村就是樓煩關的南口，樓煩北邊的陽方口就是樓煩關北口。至唐代，取廣寧、神武二郡尾字而設寧武郡，因此樓煩關改稱為「寧武關」。

▎鎮守三關的總駐地

寧武關在公元一四五〇年建成後，在明成化、正德年間，均有修繕。公元一四七九年，當時的巡撫魏紳拓廣了關城，把關城的兩千公尺周長擴建至三千五百多公尺，並且加關了北門，在上面建了飛樓，起名為「鎮朔城」。

公元一四九八年，寧武關關城的城牆又增高了一點五公尺，並加開了北門，不過這時的城牆仍為黃土夯築。磚城牆是公元一六〇六年包砌的。

明代長城垛頂磚

公元一五七三年至一六二〇年，寧武關關城在全部用青磚包砌城牆的同時，還修建了東西兩座城門樓。在城北華蓋山頂修築了一座巍峨聳峙的護城墩，墩上築有一座三層重樓，名為「華蓋樓」。

寧武關的關城不僅與內長城相連，而且在城北還修築有一座長達二十公里的邊牆。

寧武關位於鳳凰山的北邊，傳說是由鳳凰所變，遇到外敵侵犯就能神奇地飛走，所以寧武關也有「鳳凰城」之稱。

明代滴水瓦當

　　寧武關的城池猶如鳳身，城北華蓋山護城墩酷似鳳首，東西延伸的兩堡儼然一對鳳翅，南城的迎薰樓，正如高翹的鳳尾，而雄居城中的鼓樓堪稱鳳凰的心臟。

　　公元一六二〇年，寧武關的城牆用磚包增高了，使關城更為堅固雄壯。

　　當時，明代朝廷為了抵禦蒙古的進攻，在北方不斷設險置關、修築防線，形成了外邊與內邊。

　　而內邊指的就是在山西偏關所建的，經神池、寧武、代縣、朔縣、蔚縣等地抵延慶縣的，蜿蜒一千多公里的內線長城。在這條長城構成的防線上，明代朝廷建關設堡，駐守軍隊。

　　在河北境內，明代朝廷沿線建設了紫荊、倒馬、居庸三個關塞，稱為「內三關」。而在山西境內所建設的偏頭、寧武、雁門三關，被稱為「外三關」。

　　外三關之中，偏頭為極邊，雁門為衝要。而寧武介於這兩個關塞的中間，扼內邊之首，形勢尤重要。

　　故《邊防考》上說：

以重兵駐此，東可以衛雁門，西可以援偏關，北可以應雲朔，蓋地利得勢。

■ 明代敵樓望孔石

寧武關是三關中歷代戰爭最為頻繁的關口，當時北方諸民族只要南下，必經三關。偏關由於有黃河作為天險，只有冬季匈奴的騎兵才可以踏冰而過，而雁門以山為天險，騎兵難以突破。

寧武關所靠的恢河是季節性河流，在恢河斷流的季節，匈奴騎兵就沿河谷揮師南進，直抵關下。當時恢河河谷可容「十騎並進」，所以大多數時候，寧武關都會成為交戰的主要戰場。

鮮卑、突厥、契丹、蒙古等游牧民族經常選擇寧武關為突破口，所以在很多歷史時期，這裡的戰爭幾乎連年不斷。

【閱讀連結】

寧武關故址在山西省寧武縣，當呂梁山脈北支蘆芽山和雲中山交會的谷口。

谷口寬廣，敞向北面的朔縣盆地。三面環山，北倚內長城，深居於四面封鎖的腹地，形勢穩固，易守難攻。

由此北上可至大同，南下可達太原。寧武關是萬里長城上的重要關隘，地勢險要，因其地處「三關」中路，素有「北屏大同，南扼太原，西應偏關，東援雁門」的策略作用。

堅固險要的寧武關

朱元璋畫像

明代在中國歷史上是一個很難用一句話概括的朝代。從推翻元朝開始，明代開國皇帝朱元璋建國之初，深知國力衰弱，而又沒能將「大元」殘餘勢力掃清，於是派遣朱棣駐北，從策略上來說就是遏制外敵入侵。

　　公元一四二一年，明成祖朱棣由於從小成長在北京，又深受自己父親明太祖朱元璋深信風水的影響，決定遷都北京。然而這個遷都的舉動，卻將大明王朝的中心近距離地展現在外族的敵人面前。

　　為了彌補這個缺憾，對保護國境進行更有效的防禦，明成祖朱棣在公元一四一二年以後又開始北征。

　　在五次北征之後，其實除前兩次有所收穫外，其餘的北征並沒有對鞏固明代的國勢造成多少作用。

　　但在朱棣的長子朱高熾繼位成為明仁宗後，在位期間發展生產、與民休息，巧妙地組織了城防，使國境相對來說是太平的。但明仁宗朱高熾期望的是再次遷都，把王朝的中心從北京遷回南京。

　　明仁宗朱高熾的長子朱瞻基在幼年時就非常受祖父與父親的喜愛與賞識。早在公元一四一一年，十三歲的他就已經被祖父明成祖朱棣立為皇太孫，也曾數度隨明成祖朱棣征討外敵。後來，朱瞻基在公元一四二五年登基成為明宣宗，開始了宣德王朝。

　　明宣宗和自己的祖父明成祖朱棣一樣，從小成長在北京，對北京有深厚的感情，十分關心北方的處境，因此放棄了他父親把朝廷遷回南京的計劃，仍留北京為帝都。

明成祖朱棣畫像

公元一四三六年，明宣宗的長子朱祁鎮繼位成為明英宗。在明英宗時，外族的敵對勢力，在漠北的人馬已經一分為二成了瓦剌與韃靼。

後來，瓦剌強大了起來，不斷騷擾明朝的北邊地區。當時，太監王振不斷鼓動英宗發動對瓦剌御駕親征，明英宗年輕氣盛，立即採納了建議。

明代士兵蠟像

　　但是由於明英宗準備不足，糧餉接濟不足，前線屢屢失敗，導致明軍作戰形勢非常不利。最後，明英宗決定撤軍。但是在軍隊駐紮在懷來城外的土木堡時，被瓦剌軍包圍，全軍覆沒，明英宗被俘。

　　失去了明英宗的明朝群龍無首，但國不可一日無主，為避免內亂，明王朝決定立明英宗的弟弟朱祁鈺為帝，成為明代宗，年號景泰。在景泰元年，也就是公元一四五〇年的時候，明代宗迅速下旨建立寧武關。

　　在此之後，寧武關的防禦功能被發揮到淋漓盡致，有效地擋住了外族的入侵。同時，明代宗重用于謙等人組織北京城保衛戰，打退了瓦剌的入侵。

　　明代宗繼位後不久，原定的太子朱見深被廢。但是後來，明英宗被瓦剌釋放回國，重新取得王位，又重新把兒子朱見深設立了太子。

明英宗朱祁鎮畫像

雖然朱見深的太子之位失而復得了，但這樣波折的成長經歷使他的精神壓力非常大。為了更好地防禦類似瓦剌的外敵，朱見深在公元一四六四年繼位成為明憲宗之後，又在公元一四六六年下令增修了寧武關。

公元一五一三年，外族騎兵從大同入犯，進攻寧武關，企圖由此進入晉中。守衛寧武關的官兵奮起抵抗，保衛了晉中的安全。

寧武關的創設、加固以及沿關防戍的修築，將偏頭、雁門、寧武三關連為一線，有效地加強了明朝北部邊防，在相當一段時期內，十分有效地保障了三晉百姓的安全。

【閱讀連結】

在明代宗組織防守外敵時，形勢是十分嚴峻的。當時京師最有戰鬥力的部隊、精銳的騎兵都已在土木堡失陷，剩下疲憊的士卒不到十萬，人心惶惶，朝廷上下都沒有堅定的信心。

但是于謙請郕王調南北兩京、河南的備操軍，山東和南京沿海的備倭軍，江北和北京所屬各府的運糧軍，馬上開赴京師，依然策劃部署，人心稍為安定，于謙也被升為了兵部尚書。對他的意見，皇帝全都認真地接納了。

古隘雄風大散關偏頭關

大散關為周代關隘，故稱「散關」，是中國關中四關之一，位於陝西省寶雞南郊秦嶺北麓，自古為「川陝咽喉」。散關是一個很重要策略位置，以及交通樞紐。

偏頭關位於山西西北部的偏關縣黃河邊，東連丫角山，西瀕黃河，其地勢東仰西伏，因此得名偏頭關。

偏頭關建於公元一三九〇年，後來均有修建。偏頭關歷史悠久，地處黃河入晉南流之轉彎處，為歷代兵家爭奪重地。

鐵馬秋風大散關

大散關是中國西周時期散國修建的關隘，所以被稱為「大散關」。大散關是中國關中四關之一，位於陝西寶雞南郊秦嶺北麓，北連渭河支流，南通嘉陵江上源。

■ 士兵攻城塑像

大散關當山川之會，扼西南、西北交通要道樞紐，自古以來都是川陝咽喉。

曹操進軍漢中

大散關山勢險峻，層巒疊嶂，大有「一夫當關，萬夫莫開」之勢。在關址處立有刻著「秦嶺」的石碑一塊。在散關嶺上的古散關關門遺址東面，還立有一塊刻著「古大散關遺址」的石碑。

大散關是關中西南唯一要塞，自古以來由巴蜀、漢中出入關中之咽喉，策略地位非常重要。

正如《史記》記載：

北不得無以啟梁益，南不得無以固關中。

因而，大散關也就成為了歷代兵家看重和必爭之地。在中國歷史上，各國爭奪散關之戰共有七十多次。

楚漢相爭時，劉邦手下大將韓信「明修棧道，暗度陳倉」就從這裡經過，後曹操西征時，張魯也經由此地。這是根據陳壽所著的記載中國三國時代的史書《三國志》的記載：

曹操封賞張魯

建興六年春，亮復出散關，圍陳倉，曹真拒之。

公元前二〇六年，漢王劉邦採取韓信的建議，開始「明修棧道，暗度陳倉」，自漢中由故道出陳倉還定三秦，經由此關。

公元二六年，延岑引兵進入大散關至陳倉。

至公元二一五年的時候，曹操攻張魯，自陳倉過大散關。

公元二二八年的時候，諸葛亮出大散關圍陳倉。

公元一一三〇年，宋國在富平之戰中失敗了。當時，宋將吳玠收拾殘兵，屯據和尚原，但剛立好柵寨，金兵已至原下。

有人勸吳玠移屯漢中，保住入蜀之關口，但是吳玠回答說：「我保此，敵絕不敢越我而進！堅壁臨之，彼懼吾躪其後，是所以保蜀也。」

果然，吳玠後來打敗了來犯的金兵。

公元一一三一年五月，金國又設立郎君及別將烏魯折合，分兩路入寇。經鳳翔、鳳州出大散關。

當時，吳玠的軍中糧草缺乏，士兵們都沒有鬥志，吳玠就帶著自己的弟弟吳璘召集諸將，以忠義相激勵，並歃血而誓，使士兵們士氣大振。

烏魯折合的軍隊先到了，在和尚原北列陣，宋軍更戰迭休，大敗折合。這時，郎君正攻箭關，吳玠選兵奮擊，使金兵兩路不得會合，大敗而去。

曹操得手陽平關

十月，完顏宗弼自熙河移兵窺蜀，引兵眾十萬人，從寶雞造浮橋渡渭來犯，吳玠派了吳璘、雷仲兩人，將勁兵用駐隊矢迎敵，並用騎兵斷其糧道，共交鋒三十多次，完顏宗弼中箭而敗退。此役宋軍大勝。

這些戰爭的發生，無不表明大散關在軍事上的重要性。中國歷代的兵家都知道，東有函谷關、南有武關、西有大散關、北有蕭關，大散關自古以來就是關中四大門戶之一。

不僅如此，因大散關特殊的地理位置，又是文人墨客、達官貴人遊覽之地。

曹操過大散關留下了《晨上大散關》的詩，唐代的詩人王勃、王維、岑參、杜甫、李商隱等也都曾為大散關留下詩篇，特別是宋代的陸游、蘇東坡有關大散關的詩最多，影響也最大。

公元一一七二年時，陸游時年四十八歲，在南鄭王炎處任幕僚從軍，曾多次親臨宋時抗金前線大散關，經歷了軍中生活。後來，由於王炎調回臨安，宣撫使府中幕僚也隨之四散。北征也又一次化成泡影。

公元一一八六年的春天，陸游退居於山陰家中，已是六十二歲的老人。

從公元一一八一年起，他罷官已六年，掛著一個空銜在故鄉蟄居，這時又以朝奉大夫、權知嚴州軍州事被起用。年老的陸游在他即將走完人生的終點時，將自己的經歷和感受，將追懷往事和重新立誓報國的兩重感情凝成了《書憤》一詩。

詩中寫道：

早歲哪知世事艱，中原北望氣如山。

樓船夜雪瓜洲渡，鐵馬秋風大散關。

塞上長城空自許，鏡中衰鬢已先斑。

出師一表真名世，千載誰堪伯仲間！

其中的「鐵馬秋風大散關」這一句，在眾多詩句中都曾被提及。

■ 陸游與唐婉畫像

　　詩的前四句概括了自己青壯年時期的豪情壯志和戰鬥生活情景，其中頷聯擷取了兩個最能體現「氣如山」的畫面來表現，不用一個動詞，卻境界全出，飽含著濃厚的邊地氣氛和高昂的戰鬥情緒。

　　又妙在對仗工整，頓挫鏗鏘，而且一氣貫注，組接無痕，以其雄放豪邁的氣勢成為千古傳誦的著名對聯。

　　「早歲哪知世事艱，中原北望氣如山。」寫出了當雄無用武之地的無奈與悲涼，也暗示出在這種時刻，英雄往往會回到鐵馬金戈的記憶裡去的。

　　想當年，詩人北望中原，收復失地的壯心豪氣，有如山湧，何等氣魄！詩人何曾想過殺敵報國之路竟會如此艱難？

　　後四句抒發壯心未遂、時光虛擲、功業難成的悲憤之氣，但悲憤而不感傷頹廢。尾聯以諸葛亮自比，不滿和悲嘆之情交織在一起，展現了詩人複雜的內心世界。

再看尾聯，也用典明志。諸葛亮堅持北伐，雖「出師一表真名世」，但終歸名滿天宇，「千載誰堪伯仲間」。追慕先賢的業績，表明自己的愛國熱情至老不移，渴望效仿諸葛亮，施展抱負。

【閱讀連結】

大散關第一次融入兵事，就見證了「明修棧道，暗度陳倉」的軍事傳奇。

項羽分封諸侯，把大散關以南的巴、蜀、漢中三郡分封給劉邦，立其為漢王。劉邦不甘心屈居一隅，一方面燒毀漢中棧道，麻痺鎮守關中的大將章邯等人；另一方面，命令大將韓信率精銳部隊奇襲大散關，奪取了策略要地陳倉，繼而占領關中，奪了天下。

而對於曹操來說，此地不祥，張魯據地勢而列兵讓他頭痛不已，他曾作詩抒發煩悶：「晨上散關山，此道當何難」。十多年後，蜀漢丞相諸葛亮也在此感嘆天道無常，留下「出師未捷身先死」的悲壯。

▋九塞屏藩的偏頭關

偏關縣在漢唐時期還不出名，也沒有設縣治。公元九五七年的時候置偏頭砦，後來，偏頭關成為北宋與西夏交兵的防衛前線，因駐紮重兵，地位一度非常高。

老牛灣堡

　　後來，遼代置了寧邊州，金代沿用了這一稱呼。元代時候州、縣俱廢，改偏頭砦為偏頭關。

　　明代洪武年間始築關城，明代成化年間設偏頭關守禦千戶所，嘉靖年間上升為路城，萬曆年間又大規模建設此城，稱為「九塞屏藩」。

清代雍正年間改偏關為縣，屬寧武府，又名「通邊關」，偏頭關與寧武關、雁門關，合稱「外三關」。此三關鼎峙晉北，為京師之屏障。

早在春秋戰國時期，偏頭關就是戰場。偏關秦漢屬雁門，隋屬馬邑，唐置唐隆鎮，名將尉遲敬德在關東建九龍寺。尉遲敬德是中國唐代名將，勇武善戰，一身戎馬倥傯，馳騁疆場屢立戰功。傳說其面如黑炭，被尊為驅鬼避邪，祈福求安的中華門神。在中國傳統文化中與秦瓊是「門神」的原型。

明代除設置「偏頭關」外，在崇山峻嶺的長城沿線及重要通道上建起了城堡二十二座，有樺林堡、老牛灣堡、草堆山堡、老營堡等。

這些堡城的邊牆後來大多數僅存夯土，只有地處黃河岸邊的樺林堡地段還有約三十公里的邊牆保存較好，全部包磚，高聳於河岸，甚為壯觀。

明代，偏頭關既是晉北門戶，也是晉北與內蒙古互市的通商口。每逢烽煙消失之後，邊關開放，關城及其周圍的一些堡寨就成為蒙漢人民互市的區域。

蒙古族以大批的草原駿馬進入互市區，換取漢人的絲棉織品、茶葉等物。

每當互市開放之日，關城、堡寨將士披甲戴盔，列隊城外，城樓之上，禮炮轟鳴，慶祝這民族交往的盛會。邊地將領、政府官員、各地商人都紛紛前來赴會，透過商品的交流，交流著民族間的感情。

偏頭關關城形狀不規則，東西長一點一公里，東、西、南三道城門均建甕城，城高十公尺處包磚石。南門至西門一帶，磚石大部猶存，氣勢雄偉。西牆、北牆多為夯土牆，東部城牆被毀了。

明長城烽火台

老牛灣明長城遺址

　　偏關城歷經明清兩代興建，規模大展，地處盆地，但隨著東高西低的山
勢，像一隻頭枕塔梁山，臥於關河川的巨犀，又稱「犀牛望月」城。

城內主大街縱貫南北，樓房林立，商賈雲集，街市一新。明清時期建築古民居，青瓦房舍，各抱地勢，一展古樸古香的風韻。

偏關縣的長城遺跡，還有黃河邊堡屆，又稱「西河石邊」，俗稱「黃河邊」。這座明代長城，北接偏關縣老牛灣，沿黃河岸邊蜿蜒而行，南經山西河曲縣石梯口隘，全長約一百公里。

黃河邊堡牆的具體位置在老牛海至寺溝黃河沿岸，是公元一四六八年的時候當時的總兵王璽建造的，後來的嘉靖萬曆年間對其進行過增築。

此段長城多有黃河懸崖天險屏障，多數地段未築牆體，只在溝口崖頭築寨據守，沿岸多建望台設防。只有寺溝至黑豆埝，關河口至尖刺灣建石城牆，紅色黏土夯築，外牆條石、城磚包之。每隔一二百公尺築馬面或城樓。這段長城數百年來雖有自然及人為破壞，僅存土牆，但氣勢不遜於當年。

此邊地處晉陝峽谷之中，黃河充當了天塹。長城建築因地制宜，通道豁口之處，又築石邊、土牆，陡峭的崖壁山上築烽火台，連綿不斷，構成嚴密的軍事防禦體系。

偏頭關形若覆盆，關外有四道邊牆：

第一道稱「大邊」，在關外六十公里處，東起平魯縣崖頭墩，西抵黃河，長一百五十公里，無牆而有藩籬。

第二道稱「二邊」，在關外三十公里，東起老營鴉角墩，西至黃河老牛灣，南至河曲縣石梯隘口。這道邊牆實際上是外長城的一部分。

第三道在關東北十五公里，東接老營堡，西抵白道坡，長四十五公里。

■明代鐵炮

　　第四道在關南一公里處，東起長林鷹窩山，西達教場。在黃河岸邊樺林堡地段，尚存邊牆約三十公里，全部磚砌，高聳於河岸之上，甚為壯觀。其餘大部分夯土猶存。明代這關的防備嚴密性，比寧武、雁門兩關有過之而無不及。

明長城

　　明代這關實際上已處在北界。北接內蒙古高原，西隔黃河與鄂爾多斯高原相對，內外長城在關東老營堡處相接。

　　初建時，蒙古勢力侵犯邊界，又深入鄂爾多斯內部，屢犯晉西，這關首當其衝。《偏關志》稱：「宣大以蔽京師，偏頭以蔽全晉。」

　　明代弘治年間，蒙古韃靼部達延汗統一了蒙古後，經常率兵南犯。嘉靖年間，其孫俺答數次入侵偏頭關。隆慶初期，蒙古兵再由偏頭關西北侵入，進犯岢嵐、嵐縣，並深入晉中地區。

　　由此可知，在明代中期，偏頭關成了蒙古兵和明軍的重要戰場。

【閱讀連結】

在偏頭關東南一公里的地方有個凌霄塔，是明代的建築。據有關碑文記載，凌霄塔創建於公元一六二一的時候，起初為七層。至公元一六三五年加高了四層，後來在公元一六七九年和一八五七年的時候均有維修。

凌霄塔是磚石結構、八角形樓閣式的空心雁塔。凌霄塔的基座兩層塔底部周長是二十九公尺，塔高三十五公尺，由於塔的外觀形似文筆，所以也叫「文筆凌霄」塔。從凌霄塔的第二層開始，每層都有四個窗洞。凌霄塔的內部由內壁隱築樓梯，保存完好，是偏頭關的一大景觀。

國家圖書館出版品預行編目（CIP）資料

雄關漫道：北方著名的古代關隘 / 張學亮 編著 . -- 第一版 .
-- 臺北市：崧燁文化，2019.12
　　面；　公分
POD 版

ISBN 978-986-516-163-7(平裝)

1. 隘口 2. 中國

681.5　　　　　　　　　　　　　　　　108018732

書　　　名：雄關漫道：北方著名的古代關隘

作　　　者：張學亮 編著

發 行 人：黃振庭

出 版 者：崧燁文化事業有限公司

發 行 者：崧燁文化事業有限公司

E-mail：sonbookservice@gmail.com

粉 絲 頁：　　　　　網址：

地　　　址：台北市中正區重慶南路一段六十一號八樓 815 室

8F.-815, No.61, Sec. 1, Chongqing S. Rd., Zhongzheng

Dist., Taipei City 100, Taiwan (R.O.C.)

電　　　話：(02)2370-3310 傳　真：(02) 2388-1990

總 經 銷：紅螞蟻圖書有限公司

地　　　址：台北市內湖區舊宗路二段 121 巷 19 號

電　　　話：02-2795-3656 傳真：02-2795-4100　　　網址：

印　　　刷：京峯彩色印刷有限公司（京峰數位）

　　本書版權為現代出版社所有授權崧博出版事業有限公司獨家發行電子書及繁體
　　書繁體字版。若有其他相關權利及授權需求請與本公司聯繫。

定　　　價：299 元

發行日期：2019 年 12 月第一版

◎ 本書以 POD 印製發行